手堅く毎月10万円!?

安定的に利益を出せる 先回りイベント株投資

柳橋義昭
Yanagibashi Yoshiaki

すばる舎

はじめに

〝ごく普通の個人投資家〟にはイベント投資が有効な戦略になる

株式への投資では、さまざまな投資手法が存在しています。

⦿株価の値動きを示すチャートの形状などから、今後の値動きを予測する「テクニカル分析」

⦿PER（株価収益率）やPBR（株価純資産倍率）といった多様な指標を使って、企業の現在価値を把握しようとする「ファンダメンタルズ分析」

⦿実際に株価の値動きをリアルタイムで確認しながら、タイミングよく売買を繰り返していく「デイトレード」

⦿東洋経済新報社発行の『会社四季報』の情報や、刊行タイミングを利用した「四季報投資」

⦿成長株や低位株など、投資する対象を絞って資金を投下していくさまざまな手法

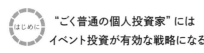

このように、世間ではさまざまなタイプの投資ノウハウが提唱・公開されています。情報収集やスキルアップに余念がない個人投資家のみなさんなら、このうちのいくつかについてはすでに知っている、という方も多いでしょう。

ただ、こうした投資手法が本当に有効な手法なのか、また安定して成果をあげていくことができるのか、私は正直、疑問に思っています。

もちろん、なかには先ほど挙げたような投資手法のいずれかと相性がバッチリで、その投資ノウハウを使ってすでに数十万円～数百万円と稼いできた！という方もいるでしょう。私自身、そうした個人投資家の方と何人も面識がありますから、その事実は否定しません。

ただし、それはあくまでも、卓越した分析力や情報収集力、継続力といった優れた資質を備えた、ごく少数の成功者に限ったことではないでしょうか？

日々の仕事や家事に忙しく、なかなか投資のための時間がとれない〝ごく普通の個人投資家〟にとっては、これら一般的な投資手法の多くは非常に難易度の高いノウハウになってしまっているのではないか？　そのため、実際にはうまく利益を出せていないのではないか？と私は常々感じています。

いくらでも投資先の分析に時間のとれる専業のプロ投資家ではなく、平日はフルタイムで働き、夜間も昼間の疲れでなかなか長時間の情報収集ができない〝ごく普通の個人投資家〟にとっては、土日の数時間程度で投資先の選定ができ、また、平日の情報収集についてもごく短時間で済ませられるような投資手法が必要です。

売買の注文についても、リアルタイムで板情報を確認することが必須な手法ではなく、ちょっとしたスキマ時間でその日の予約注文を済ませられるような投資ノウハウが求められます。

こうしたニーズに完全に合致するのが、本書で紹介する「**イベント投資**」です（別の名前で、「カタリスト投資」と呼ばれることもあります）。

必要な情報の収集・分析は最低限なので、スキマ時間に行えます。

売買も予約注文でよいので、昼間の仕事中、注文のためにスマホを持ってトイレの個室にこもるようなことも必要ありません。

場合によっては〝何ヶ月も前から、あらかじめ起きるとわかっているイベント〟に合わせて投資するだけなので、極端なことを言えば、それほど考える必要もありません。

過去のデータと照らし合わせての検証がしやすいため、誰でも取り組みやすい難易度の低い投資法です。

日ごろ忙しい会社員や主婦の方でも、十分に実践できる投資手法と言えるでしょう。実際に私自身、いまでは専業トレーダーのように株式市場を1日中、集中しながら見ていますが、会社勤めのころには、会議や社内行事で株価を見られないことも多かったものです。それでも、その当時からこの投資手法を実践しています。

私が日常的に行っている「イベント投資」には、以下の6種類があります。

［株主優待に関連したイベント投資］

①株主優待先回り買い

［インデックス系のイベント投資］

②TOPIX買い

③日経平均銘柄入れ替えへの先回り買い

④東証REIT指数買い

［ＩＰＯ（株式新規公開）に関連したイベント投資］

⑤ 戦略的なＩＰＯ株の獲得

⑥ ＩＰＯセカンダリー投資（新規公開株が上場してから行う売買）

本書では、これらのなかでも特に周期性が高い、つまり同じ〝イベント〟が何度も定期的に繰り返され、取り組みやすい①〜④の投資手法について詳しく解説しています。

また⑥の「ＩＰＯセカンダリー投資」についても、一部のノウハウを紹介しています。

これらのノウハウを参考にして投資をすれば、〝ごく普通の個人投資家〟でも、高い確率で利益をあげることが可能だと私は確信しています。もともとの資金量にもよりますが、本書のタイトルとなっている「毎月10万円」くらいの収益なら、多くの方が十分に狙えるはずです。

なお、⑥のＩＰＯセカンダリー投資のより詳細なノウハウや、一部⑤の手法については、すでに前著『いつでも、何度でも稼げる！　ＩＰＯセカンダリー株投資』（すばる舎）にまとめていますので、そちらも、ぜひ参考にしてください（こちらの書籍では、私のＩＰＯセカンダリー投資の戦略をほぼすべてお伝えしています）。

私自身についても、少し自己紹介いたします。

私の投資家としてのキャリアは、ある証券会社の営業担当者として始まりました。ただ、証券会社の営業担当者と言っても、全員が株式投資のノウハウに精通しているわけではありません。営業担当者のなかには、投資の手法についての知識を深めるよりも、営業という仕事で成果を上げることに集中する方も少なくありませんでした。しかし私の場合は、株式投資のノウハウを詳しく知ることに、より大きく興味を惹かれました。

当時は、株価チャートの週刊誌である『週刊ゴールデンチャート』や『週刊シルバーチャート』などを熟読しつつ、上場企業の業績や、株価の傾向をいろいろと検証して、日々の仕事に活かしていたものです。

その後、別の証券会社に転職して、証券ディーラーを務め、株式部門の立ち上げに参画したほか、証券部門のさまざまな業務にも従事し、ＩＰＯ業務を行った経験もあります。

これらの業務を通じて、証券会社の内側から株式投資の現場を見るという、稀有な経験をできたことは幸いでした。

そうこうしているうちに、身につけたさまざまな知識を使って、自分自身でもより積極的に投資がしたくなりました。2008年に証券会社を退職。次いで、投資教育事業のエンジュク株式会社に携わりました。同社では、個人投資家としての経験を活かしながら、講師としても活動しました。

その後、独立し、現在は各種の投資セミナーへ登壇したり、「新柳橋塾」という投資塾を主催するなどしています（「新柳橋塾」では、私の投資手法にもとづく分析結果をすべて紹介しています）。

これまでおよそ11年間、株式投資を続けており、毎年それなりの金額を投資で稼ぎ出しています。その経験のなかで培ったノウハウを、一部公開したのが本書です。

ぜひ、本書で紹介する投資手法を実践して、経済的な自由や老後の安心、あるいはちょっとした生活上の余裕を手にしてください。

柳橋　義昭

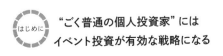

目次

第3章

「インデックス買い」への先回り投資をとことん極める！

第4章

直近のIPO株を狙う「上場来高値ブレイク戦略」

第5章

イベント投資家の5つの心得

第1章

「イベント投資」のイロハを学ぶ

あらかじめ起きるとわかっている値動きに先回りして投資する手法

まずは「イベント投資」とはどんな手法なのか、いちばん基本的なところから確認していきましょう。

投資できるイベントは多いようで限られている

イベント投資では、株式市場に発生するさまざまな「イベント」に注目します。

このときの「イベント」とは、英語のeventのことで、辞書でその意味を引くと「出来事、事件、行事、催しもの、種目」などを表している、とのこと。

このうち、この手法で取り扱うイベントは、**「特に株式市場に関係して発生し、なんらかの株価の値動きを伴う出来事」**のことです。

すでに触れたように、本書ではこのうちの「株主優待（の権利確定）」、「各種のインデックス

（株価指数）系のイベント」、「株式の新規公開（ＩＰＯ）」だけを取り扱います。

ただし一般的には、このほかにもさまざまな事象が、〝イベント投資の対象〟として考えられています。

たとえば「各種の経済指標の発表」や「個別銘柄の決算発表」、「各国中央銀行の定例会議」など、いくらでも例を挙げられます。株式市場は世のなかのあらゆる情報を織り込んでいきますから、株価に影響を与えるイベントは、無限に発生しているのです。

しかし、イベント投資で実際に狙っていけるイベントは、それほど多くありません。

そのイベントが発生することで、その前後の株価の値動きに一定の方向性や傾向が生まれる出来事だけが対象です。また、**そのイベントがいつ起きるのか、事前にある程度予想できなければなりません。**

この2つの条件に合致しないと、いつ投資をすればよいのかがわかりませんし、発生したとしても、株価が上がるのか、下がるのかが事前にわかりません。それでは目をつむって、コインの表か裏のどちらかに賭けるのとさほど変わりません（取引手数料の分だけ、負ける確率のほうが高くなるでしょう）。

たとえば「各種の経済指標の発表」であれば、いつ発表されるかはある程度、事前に周知されています。しかし、その内容がよいものであれば株価が上がり、悪い内容であれば下がる、といったように、前後の株価にははっきりとした傾向が生じません。これでは、そのイベントに先回りするような投資は怖くてできません。

そうではなく、**過去のパターンや事前の発表情報などから、いつそのイベントが起きるのか、あらかじめある程度は予想でき、**さらに**その出来事によって一定の株価の傾向が生じる**イベントだけを狙っていきます。たとえばイベントが発生することによって、株価が値上がりしていく傾向があるのなら「買い」になりますし、逆に株価が値下がりしていく傾向があるのなら、「売り」と割り切れます。

そうした投資手法こそが「イベント投資」であり、本書で解説していく内容となります。

2つの条件で投資対象になるイベントか確認できる

少し具体的に見ておきましょう。

たとえば「株主優待の権利確定」というイベントに注目するのなら、まずはそのイベントがいつ発生するのか、予想できるのかどうかを確認します。また、イベント前後の株価の値動きに一定の傾向・方向性があるかどうかも確認します。

いつ発生するかについては、株主優待の権利確定日は事前に各企業から公表されていますから、それこそ何年も前から「毎年、何月何日に発生する」と予想できます。

その権利確定日の2営業日前となる「権利付き最終日」の〝引け〟、つまり午後3時過ぎの時点で、その優待実施企業の株を保有していれば、株主名簿に名前が載って株主優待の対象者になる、というのがよくある方式です（詳しくは後述します）。

一方で、一般に株主優待を実施している企業の株価は、株主優待の権利を取得するために権利付き最終日に向けて少しずつ値上がりしていく傾向があります。ところが、権利が確定した途端に、翌日からは「権利落ち」の値下がりが発生する、というのがいつものパターンです。

つまり、事前に発生の日時が細かく予想でき、またその前後にも株価に一定の値動きの方向性が生じるイベントですから、**「株主優待の権利確定」はイベント投資の対象にできる**、と言えるわけです。

ここで触れた株主優待（の権利確定）に先回りする投資手法については、第2章でより細かく説明していきます。ここでは、そうした一定のイベントに先回りすることで、利益を得ようとする投資手法がイベント投資なのだ、ということをまず理解してください。

なぜ、事前にわかっているのに株価は値上がりする（値下がりする）のか？

「値下がりする株を持ち続ける投資家」がいる理由

ここまで読んで、事前に起きることがわかっているイベントで、なぜ予想どおりに株価が上がったり、下がったりするのか疑問に思った方もいるでしょう。

株式市場では、株価が今後上がるとわかっているなら、その前に買っておこうとする投資家が増え、大方の投資家の予想よりも早く株価が上がってしまうのが普通です。逆も同じで、将来の値下がり傾向がわかっているなら、誰も彼もがすぐに売って、その株を手放そうとするため、大方の予想よりも早く値下がりが起こります。

このように、**自由な売買ができる株式市場では、長期的な値動きの予想は本来、難しいはず**です。

株価を気にせず売買する投資家がいる

確かに、株価だけを見て売買する投資家しか参加していない銘柄では、株価の値動きについての長期的な予想は困難です。

予想がされた時点で、取引への参加者がそれぞれの思惑を持って売買することで、あっという間に予想された株価に近づいてしまいます。

しかし**実際の株式市場には、株価には大して注意を払わないまま、特定の銘柄を売買する参加者が一定数います。**こうした取引参加者の存在が、特定のイベントの前後に、株価に一定の値動きの傾向をつくり出すと考えられています。

たとえば、前項で触れた株主優待の権利確定日であれば、そのイベントの前後には、株価の高低もそれなりに気にはするけれども、「それよりも、株主優待を受け取れる権利を確保したい！」という希望を持つ投資家が多く取引に参加しています（近年では、株主優待を特集したムック本や、株主優待にまつわる情報提供をしているサイトも増えています）。

株主優待のなかには、ふだんの暮らしに役立つ商品や、株主限定の商品などが用意されているケースがあるため、たとえ多少割高な株価であっても、そうした優待商品をもらいたいと考える個人投資家、いわゆる「優待族」が多く存在しています。

株主優待の権利確定日の数ヶ月前からは、こうした個人投資家が参加してくるため、完全に需給だけで動く市場なら本来生じないはずの「値動きの傾向」が発生します。

そして、優待商品をもらう権利を確保した優待族の投資家は、その翌日からは、その資金を別の株主優待の権利確保に回そうとするため、その銘柄の株価は一気に値下がりする、というまた別の傾向も生み出すのです。

機関投資家が買わざるをえない状況がある

ほかのパターンもあります。

株式市場には、ファンドマネージャーなど大口の機関投資家が、株価に関係なくどうしてもその株を売買せざるをえない状況、というものが存在します。

個別の投資家から小口の投資資金を集めてまとめ、専門家であるファンドマネージャーがその資金を一括運用して、投資の成果を事前に定めた方法で出資者に配分する金融商品のことを、一般に「投資信託」と言います。

こうした投資信託のうち、特定の指数（インデックス）に連動して値動きするように設計されているものを、特に**「インデックス投信」**とか**「インデックスファンド」**などと呼びます。

たとえば、TOPIX《トピックス》（東証一部株価指数）が上がればその投資信託の価格も上がり、下がればその投資信託の価格も下がる、という商品であれば、「TOPIX連動インデックスファンド」とか、「TOPIX連動型インデックス投信」といった呼び名になります。

さて、これらの投資信託のファンドマネージャーは、どのようにしてそうした指数に連動した値動きを実現するのかと言うと、指数と同じ銘柄を、指数と同じ割合で保有することで、指数に一致する値動きを実現する、というのが一般的です。

TOPIXの場合なら、東証一部上場の全銘柄の時価総額を指数化していますから、東証一部に上場しているすべての銘柄を発行済み株式数に即した割合で保有することで、TOPIXに連動する値動きを実現しています。

ところで、東証一部には、ときどき新しい銘柄が東証二部やマザーズ、ジャスダックなどから昇格してきます。

数はそれほど多くありませんが、年に何社かはいきなり東証一部に上場してくる企業もありますし、不祥事や業績不振で東証二部に降格していく銘柄もあります（近年では、東芝［6502］やシャープ［6753］といった企業が、東証一部から二部へ降格しています）。

M&Aで別の企業と合併して、東証一部に上場していた企業がなくなることもあります。

このように、指数の構成銘柄に変化があったときには、指数連動型のインデックス投信を運用しているファンドマネージャーは、あらかじめ決められているルールに従って、それらの銘柄の株を売買しなければならないことになっています。

そのときの株価には関係なく、です。

こうした機関投資家は投資資金の規模が大きいので、その売買は株価の値動きに対しても大きな影響を与えます。

しかも、その売買が行われるタイミングは、ある程度は事前に公表されていたり、過去のパターンから容易に予想できたりするのです。

こうして、事前に起きるとわかっているイベントの前後に、起きるだろうと予想されているとおりの値動きが発生する、という状況が生じます。

こうした状況は、「ふだんはいつ棚から落ちてくるかわからないぼた餅が、いつ落ちてくるかが事前にわかっている状況」と表現されることもあります。実に的確なたとえだと思います。投資家としては、そうした状況を見つけられれば、大きなチャンスとなるのです。

ほかにもさまざまな事情から、株価にはあまり関係なく、特定銘柄の株が売買されるイベントがあります。

そうしたイベントをできるかぎりたくさん把握し、落ちてくるぼた餅をタイミングよく、待ち時間も最低限にしつつドンドンいただきましょう、というのがイベント投資の本質です。

イベント投資のメリットとデメリットを把握する

初心者でも取り組みやすい

イベント投資のメリットとデメリットを整理しておきましょう。まずメリットについて箇条書きしていくと、以下のようになります。

⦿投資タイミングが明確で悩まない

市場全体の株価の変動とはあまり関係なく、特定の銘柄の株価に、特定のタイミングで値動きが生じるので、株価を常にチェックして投資のタイミングを見極める必要がありません（株価に関係して発生するイベントもありますので、そうしたイベントに関しては、株価のチェックも必要です）。

⊙投資の優位性が長く続く

それぞれのイベントごとに、値動きに一定の傾向を生じさせる〝理由〟があります。そのため、その理由がなくならないかぎり、たとえその手法が広く知られていても投資上の優位性がなくなりません。

実際、本書で紹介している投資手法のなかには、古くから投資家のあいだで広く知られているものもあります。しかし、私自身10年以上これらの投資手法を実践してきて、これといって優位性が落ちたと感じたことがありません。特定のタイミングで特定の値動きが生じる〝理由〟がなくならないかぎりは、ずっとそのイベントで利益をあげられるのです。

⊙収益機会が多くあるので、安定的に利益を出せる

本書では、狙うべきイベントを多数紹介しています。

個々のイベントだけを見れば、年に一度しか発生しないようなものもあるため、収益機会が少ないように感じるかもしれません。しかし、同種のイベントを銘柄を変えて適用したり、性格が異なるイベントを組み合わせて狙ったりすることで、多少の増減はあっても毎月、コンスタントに収益機会をつくることが可能です。

◉株式投資の初心者でも取り組みやすい

投資のタイミングが明確で、なぜ一定の値動きが生じるのかその理由も明らかであるため、チェックすべき情報もハッキリしています。そのため、イベント投資では株式投資の初心者であっても、一定の優位性を保ちながら投資を行える、という大きなメリットがあります。

もちろん最低限の勉強はする必要がありますが、いろいろな指標を毎日たくさんチェックする必要はありません。

思惑が外れることもある

逆に、イベント投資に関するデメリットをあえて挙げるとすれば、次のようになります。

◉予定されていたイベントが急になくなる場合がある

イベントの内容によっては、先回りして待ち構えていたイベントが、さまざまな事情により実現されなくなるケースがあります。典型的なのは株主優待で、これは企業が自主的に行っている株主への利益還元策ですから、**企業の判断で一方的に廃止される場合もある**のです。

たとえば、優待実施企業の業績が急に悪化したりすると、株主優待の費用は企業にとってそれなりの負担になっていますから、事前の予告を取り消して優待を廃止する、あるいは条件を改悪する、という企業が結構あります。

また株主優待は通常、小口の個人投資家ほど条件が有利になるよう設定されているので、大株主の機関投資家の視点からは、むしろ自らの投資条件を悪くする要素と受け取られることがあります。そのため、大株主からの「株主還元の公平化」を求める声が大きくなると、配当金の増額などと引き換えに優待の廃止をする、ということがよくあるのです（配当金であれば、保有株数に比例して利益が株主に還元されるので、大株主に有利［公平］です）。

このように、先回りしていたイベントが突然なくなってしまうと、通常、そのイベントに向けて値上がりしていた株価は急落してしまいます。

イベント投資の仕組み上、このイベント消滅のリスクだけは避けることが困難です。「イベント投資における最大のデメリット」と言えるかもしれません。

◉「一攫千金」よりは「じっくり確実」

イベント投資は、あらかじめ予定されているイベントに先回りして、あらかじめ予想されている値動きのなかで、確実に、少しずつ利益を積み重ねていくタイプの投資手法です。

ときには3~5割くらいの値上がりに乗れることもありますし、売値が買値の数倍にまで値上がりするようなケースもないわけではありません。しかし、**もっとも多いのは、一度の投資で5~15%くらいの値上がり幅をとれるケース**です。そしてもちろん、ときには思惑が外れて値下がりしてしまうこともあります。

ほかの投資手法と比べて優位性が低いわけでは決してなく、むしろ十分に高いのですが、もしもあなたが、一度の投資で常に資金が2倍や3倍になるような投資手法を求めているのであれば、残念ながらイベント投資は、そうした期待に応えてくれる手法ではないでしょう。

⦿突発的な大事件のときには、予想された値動きが生じないことがある

新型コロナウイルスによる伝染病の流行や、戦争・紛争などの地政学的リスクの発生など、市場全体が大きなショックを受けて恐慌状態になっているときには、たとえ狙っていたイベントが予定どおりに発生しても、事前に予想していた値動きが生じないことがあります。**突発的な大事件の与える影響が、そのイベントが株価に与える影響を上回ってしまう**のです。

イベント投資では、実際にイベントが起きる前に先回りして投資しますし、リアルタイムで株価をチェックしながら売買する手法でもありません。そのため、こうした突発的な大事件に

よる悪影響は、どうしてもまともに受けてしまう場合が多くなります。

よってこの点は、デメリットと言うことができるでしょう。ただ、こうした大事件による悪影響は、どんな投資手法をとっていたとしても多かれ少なかれ受けてしまうものです。株式投資をしているのであれば、ある程度は仕方ないと甘受すべきものなのかもしれません。

※新型コロナウイルスによるコロナショックで株式市場は大幅に下落しましたが、私はそんな状況でも本書でお伝えするイベント投資の手法を実践し、投資すべき銘柄を絞り込んでいました。イベント投資の手法を銘柄選びのきっかけにすることで、相場が不安定な状態になっているときでも銘柄選定ができたのです。この手法の持つ優位性を活かして、株価が戻る（値上がりする）流れに乗ることにも成功しました。突発的な大事件のときでもあっても、やりようによっては損害を最小限に抑え、利益をあげることができます。

こうしたメリットとデメリットを冷静に受け止めたうえで、自分の性格などに合っていると思ったら、ぜひ一度、本書を参考にイベント投資を試してみてください。そして、相性がよさそうであれば、段階的により大きな資金を投入していくといいでしょう。

第1章のポイント

- イベント投資では、特定のイベントに伴って発生する値動きを狙う。
- 「イベント」と言ってもいろいろあるが、投資で狙うべきイベントは、いつ発生するのか事前にある程度予想でき、前後の株価に一定の傾向があるイベントだけ。
- 事前に予想されているとおりに株価が動くのは、株価ではなく別の何かによって特定銘柄の売買が行われるため。たとえば、インデックス連動型投信の運用ルールや、優待族の個人投資家の行動など。
- 投資タイミングが明確で、一度覚えれば同じパターンで何度も定期的に稼げるので、イベント投資は初心者でも取り組みやすい。もちろん経験者もＯＫ。
- 予定されていたイベントが突然なくなる事態には要注意。

第2章

「株主優待先回り買い」でイベント投資の基本を身につける

「株主優待先回り買い」こそ投資初心者にオススメの手法

ここまでに紹介してきたイベント投資のもっとも基本的な手法として、みなさんに最初にお伝えしたいのが**「株主優待先回り買い」**です。

株式投資を学ぼうといろいろな本やサイトを見ていると、必ずと言っていいほど株価チャートが出てきます。しかし、特に初心者のうちはチャートの分析は難しく、挫折してしまう方が多いはず。また、ファンダメンタルズ投資に必要な各種の投資指標の読み解きについても、計算式がいくつか出てきた時点でつまずいてしまう人が多いでしょう。

そうしたレベルの株式投資の初心者でも、比較的簡単に取り組めるうえに、それなりに利益をあげられるのが「株主優待先回り買い」です。しかも年間を通じて、毎月、定期的に収益をあげるチャンスが巡ってくるので、まずはこの手法からマスターすることをオススメします。

株主優待は株主還元策のひとつ

どんなタイミングで、どんなイベントが起きるのか？　さらには、なぜそうした仕組みになっているのかを正確に理解することで、より有利にイベント投資を行えます。

「株主優待先回り買い」を行うにあたっても、まずは株主優待の基本的な性質や仕組みについて詳しく把握することから始めましょう（なお、この項と次項は基本的な内容の確認となるので、投資経験豊富な方は読み飛ばして、そのまま48ページに進んでいただいてもかまいません）。

上場企業の3分の1が実施している

上場企業の多くは、株主の利益になるような制度（株主還元策）を取り入れることで、少しでも多くの投資家に自社の株に興味を持ってもらい、株主になってもらおうとしています。

上場企業がとる「株主還元策」にはさまざまなものがありますが、代表的な施策を挙げると次の３つになります。

◉配当金の支払い

会社が得た利益のうちいくらかを、保有株数に応じて株主に還元する制度。もっとも一般的で、株主にとっての公平性が高い。

◉自己株式の取得

企業が自社の株式を自ら買い、株価にプラスの影響を与えようとする施策。市場で流通しているその企業の株数が減るため、需給バランスの変化から株価が上昇し、既存株主の保有株の価値が上がるケースが多い。

◉株主優待の実施

株主に対して、自社の商品やサービス、あるいは金券などをプレゼントする制度。より長期的に自社の株式を保有してもらったり、株主数を増やそうとしたりして実施される場合が多い。

このうち、もっとも標準的な株主還元策は、最初に挙げた配当金の支払いです。実際、黒字の上場企業ならばたいていは配当金を出しています。

反面、ごく一般的な還元策であるため、よほど高い割合で配当金を出しでもしないかぎり、配当金によって多くの投資家の注目を集めることは難しいでしょう。

2番目の自己株式の取得については、株価を一時的に引き上げる効果が高い施策ですが、自己株式の取得には資金も必要であるため、そう頻繁に実施できる株主還元策ではありません。

また、株主数については多少なりとも減少させてしまう可能性があります。

最後に挙げた株主優待は、こうした欠点をカバーできる株主還元策と言えます。

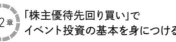

優待商品として自社の商品やサービスを使うようにすれば、ふだんの企業活動の余剰分を利用できますから比較的低いコストで実施できますし、自社商品・サービスの利用者を増やす効果があります。

また近年、日本の個人投資家のあいだでは株主優待の人気が非常に高いために、株主優待を実施すれば、多数の投資家の注目を集めて株主数を増やす効果を期待できます。同時に、株式の保有期間の長期化を図れます。

実際、こうしたメリットがあるために株主優待を実施する会社は多く、日本の株式市場に上場している企業の実に3分の1は、なんらかの株主優待を実施しているとも言われています。

実例① すかいらーく（3197）

株主還元策の実例を見ておきましょう。

たとえば東証一部に上場している**すかいらーく（3197）**は、配当金の支払いと、株主優待実施の両方の株主還元策を取り入れています。

本書執筆時点（2020年3月31日）で、2020年の配当金については1株当たり19円を予定（中間配当と期末配当の合計）。もし同社株を100株、1年間保有していたら、19円×100株＝1900円の配当金を受け取れる、ということになります（税引き前［以下すべて同様］）。

株主優待については、100株以上の保有で、グループの各種レストランで利用できる優待カードを年間2回受け取れる、とされています。それぞれ6月と12月の月末に株主でいることが条件になっていて、たとえば100株の保有なら3000円分の優待カードが受け取れます。

図表1 すかいらーく（3197）が実施している
株主優待（株主優待カード）制度の概要　［本書執筆時点］

保有株数：100〜299株	〈6月末〉3,000円分 〈12月末〉3,000円分
保有株数：300〜499株以上	〈6月末〉9,000円分 〈12月末〉11,000円分
保有株数：500〜999株以上	〈6月末〉15,000円分 〈12月末〉18,000円分
保有株数：1,000株〜	〈6月末〉33,000円分 〈12月末〉36,000円分

利用方法：税込価格より、額面の範囲で500円単位で割引
利用可能店舗：（株）すかいらーくレストランツ（Sガストを除く）、ニラックス（株）（一部店舗を除く）、（株）トマトアンドアソシエイツ「トマト&オニオン」「じゅうじゅうカルビ」の各店舗

年2回なので、年間では合計6000円分の優待カードです（上表参照）。

つまり、もし同社の株を1年間、100株保有していたとしたら、配当分（1900円）と株主優待分（6000円）の合計で、7900円分の株主還元を受けられます。これなら、確かに保有してみようかな、売らずに持っておこうかな、と思わされますね。

ちなみに、現在の持ち株会社体制に移行した2016年以降、本書執筆時点まで同社では自社株買いは行われていません。

実例② **コロワイド（7616）**

もうひとつ実例を挙げておきます。

同じく東証一部に上場している**コロワイド（7**

616）も、配当金の支払いと、株主優待実施の両方の株主還元策を取り入れています。
本書執筆時点で、2020年3月末の配当金については1株当たり5円を予定。もし2020年3月末の時点で同社株を100株保有していたら、5円×100株＝500円の配当金を受け取れる、ということになります。


株主優待については、500株以上の保有で、グループの各種レストランで1ポイント＝1円で利用できる「株主優待ポイント」を受け取れます。

年に2回、3月と9月の月末に500株以上の株主でいると、株主優待を受け取る権利を獲得できます。それぞれの権利確定のタイミングごとに2回ずつ（3月の権利確定なら6月と9月に、9月の権利確定なら12月と翌3月に）、毎回1万円相当ものポイントを受け取れます。2×2で、なんと年間では4万円分の優待ポイントを受け取れる計算です。

つまり、もし同社の株を1年間、500株保有していたとしたら、配当分（5円×500株＝2500円）と株主優待分（4万円）の合計で、4万2500円分もの株主還元を受けられるということです。

※2020年6月の「株主優待ポイント」付与では、「(コロナウイルスの）影響が収束した暁には、株主様による当社グループ店舗のご利用を、当社グループをはじめとする外食業界に活力を与える契機とさせて頂ければ」との趣旨により、この回に限って、さらに1万円分のポイント増額がなされるそうです。

ちなみに自社株買いについては、同社では少なくとも過去5年間は行われていません。こうした太っ腹な株主への還元策、特に過剰とも思えるほどの株主優待は、現在の株式市場でも一・二を争うほど高レベルなものです。そのため、コロワイドの株は「優待族」の投資家にとって、非常に人気のある〝鉄板銘柄〟となっていて、市場の暴落時などにも一定の水準以下にはなかなか下がりません。あるいはそれこそが、会社側がここまで太っ腹な株主優待を出し続けている理由なのでしょう。

株主優待をはじめとする各種の株主還元策は、このようにして行われています。

株主優待の権利獲得の日程をきっちり把握しておく

「権利確定日」と「権利付き最終日」の違いとは

さて、投資家が目当ての株主優待を受け取るには、その優待実施企業の株を購入する必要があるのですが、証券会社で株を購入すればすぐに株主優待がもらえるのかというと、そうではありません。

原則としては、**各企業が事前に公表している「権利確定日」に、その企業の株主名簿に名前が載っている必要があります。**

この「権利確定日」は、各企業の決算月の最終営業日に設定されることが一般的ですが、特に決まりがあるわけではないので、各企業の指定によります。先ほど例に挙げた**すかいらーく（3197）**のように、年に何回も権利確定日がある場合には、半期ごととか、四半期ごとに設

図表2　**権利確定日と権利付き最終日の違い**

■ 31日が権利確定日の場合

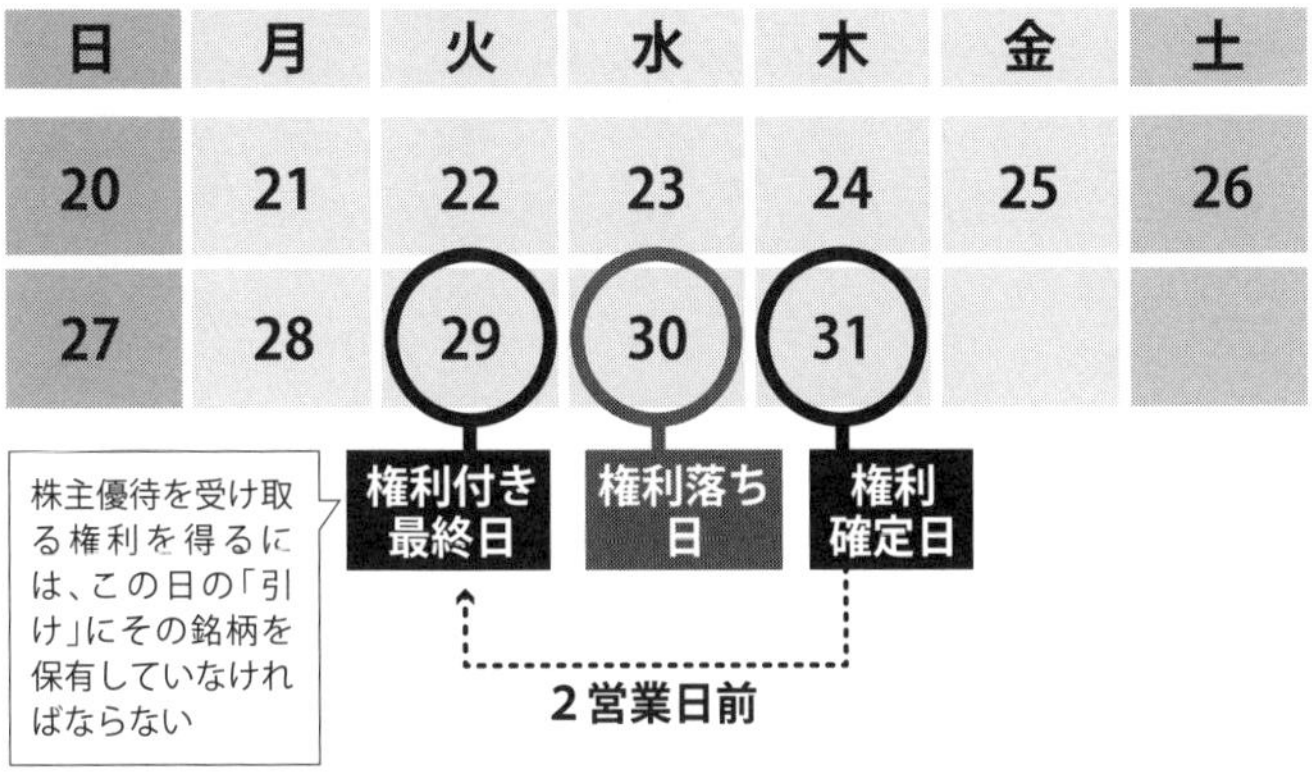

定されることが普通です。

そして、この権利確定日にその企業の株主名簿に名前が載るには、**権利確定日より2営業日前の「権利付き最終日」当日までに株を購入して、1日持ち越す必要があります。**

それによって、はじめて株主優待を受け取る権利を得られる、というわけです。

ただし、ここが少し複雑なのですが、仮に「権利付き最終日」の翌日（権利落ち日）にその株式を売ってしまい、権利確定日の当日にはその銘柄を保有していなかったとしても、株主名簿にはきちんと名前が載るため、投資家は株主優待を受け取る権利を得られます。

株主優待の権利確定というイベントは、実は企業の公表している権利確定日の2営業日前に発生するのです。この点は、しっかり理解しておいてください。

「営業日」ですから、あいだに週末を挟むときには土日を日数に入れないことや、祝日は除外することも押さえておきます。

「権利付き最終日」のあとには「権利落ちの株価下落」がやってくる

権利付き最終日の引け（午後3時）を過ぎると、その銘柄はいわゆる「権利落ち」となり、多くの投資家が別の銘柄へと資金を移動させることで、**翌日の「権利落ち日」には株価が下落する場合がほとんど**です。

イベントの発生日時を誤解していると、このときの株価下落に巻き込まれてしまう危険性もありますので、要注意です。

ちなみに、このように最短2営業日だけ保有していれば株主優待の権利を確保できますから、個人投資家がその期間にだけ株を保有して、優待の権利を得たらすぐに売却してしまい、安定的な株主になってくれない、という問題が発生しがちです。

そのため、最近では株主優待の権利確定の際に、売却期間を挟まず2回以上続けて権利確定日の株主名簿に名前が載っていること、などの条件を付加するケースも増えています。

いずれにせよ、そうして株主の権利が確定したら、あとは株主優待が送られてくるのを待つだけです。

銘柄にもよりますが、権利確定日の2～3ヶ月後くらいに、証券会社に登録している住所に株主優待の品が送られてくるのが一般的です。

優待はもらわず、権利確定に向けた値上がり益だけを狙うこと

株主優待の権利確定イベントに関係するスケジュールを把握したら、次はその前後の値動きを狙うための〝基本戦略〟を理解してください。

すでに述べたように、株主優待を実施している企業の株価は、優待獲得を目当てに権利付き最終日に向けて値上がりしていく傾向があります。そして、権利落ちに伴い、権利付き最終日の翌日（権利落ち日）には大きく値下がりします。

この傾向は、人気がある株主優待を実施している企業ほど明確に現れます。

こうした傾向の存在はデータからも明らか

こうした値動きの傾向は、証券市場では比較的広く知られているものですが、本当にそれが存在しているのか、実際にデータで検証した研究もあります。

図表3　株主優待実施企業の配当調整済み TOPIX超過リターン（AR）の推移

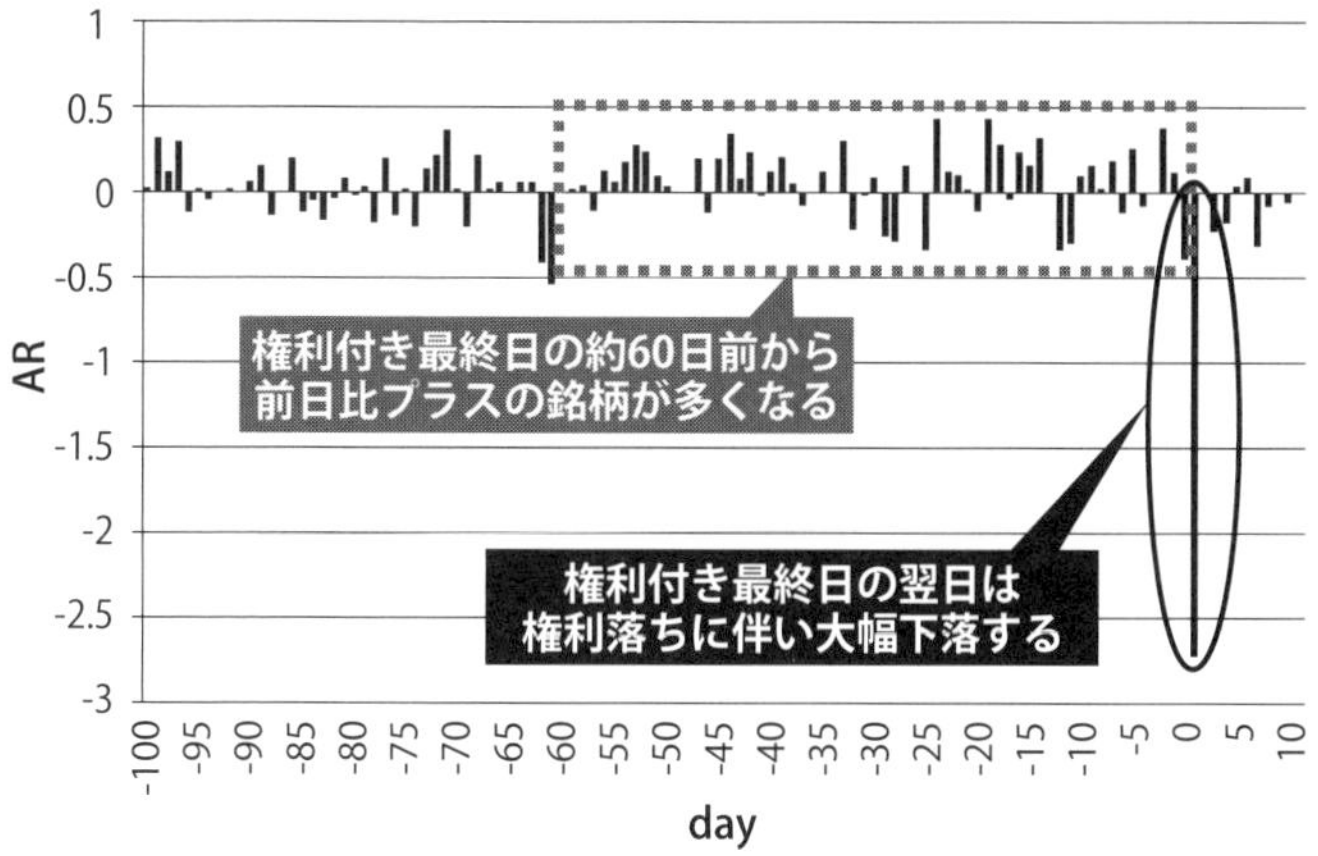

注１：横軸は権利付き最終日をday0とした相対日。縦軸は日次AR（%）
注２：囲み・吹き出しは著者
出典：望戸美希・野瀬義明「株主優待が権利付き最終日までの株価に与える影響」
（『証券経済研究　第91号』／2015. 9／公益財団法人 日本証券経済研究所）

上の図は『証券経済研究　第91号』（2015・9／公益財団法人 日本証券経済研究所）という資料に掲載された「株主優待が権利付き最終日までの株価に与える影響」（望戸美希・野瀬義明）という研究論文から引用したものです。

3年にわたって合計約3100社（重複あり）の株主優待実施企業の株価を集計し、権利付き最終日前後の株価動向を検証しています。

出典：http://www.jsri.or.jp/publish/research/pdf/91/91_05.pdf

図中横軸の〝day〟は、営業日を表します。0が権利付き最終日（権利確定日の2営業日前）で、「－20」だと権利付き最終日の20日前、「－50」だと50日前ということです。

縦軸の〝AR〟は株価の変動率です。「0・5」だと株価（より厳密には、株価のTOPIX超過リターン）が前日比0・5％上昇し、「－0・5」の場合は前日比0・5％下落したことを意味しています。

まず注目してほしいのは、丸で囲んだ部分です。なんと、いきなり「－2・5％」を超えて大きく下落していますね。この日は権利付き最終日の翌日、つまり「権利落ち日」です。

権利付き最終日を過ぎて、株主として優待や配当をもらう権利を得た投資家が、一斉に売却した結果を示しています。

次に、点線で四角に囲った部分に注目してください。

権利付最終日のおよそ60営業日前から、株価が前日比プラスになっている日の割合が、徐々に多くなっていくのがわかるかと思います。

このデータを見れば、株主の〝権利取り〟（優待や配当の獲得）のために、株主優待実施企業の株は権利付き最終日に向けて買われて株価が上がり、権利落ちすると、とたんに売られる、という傾向が実際に存在していることが明らかになる、というわけです。

儲けたいなら優待はもらわない

ということは、その**株価の上昇を見越して、人気の株主優待を実施している企業の株を権利付き最終日に先回りして買っておくことで、高い確率で値上がり益を得られる**、と判断できます。

ただし、権利付き最終日にその株を持ち越して、株主優待獲得の権利を得てしまうと、権利落ちの株価下落に巻き込まれてしまいますから、**優待はもらわずに売る**という〝基本戦略〟が導かれます。

どうしても優待がほしいときの対処法

なおこのとき、優待実施企業の株を先回りで購入し、権利確定日（権利付き最終日）に向けて保有していると、往々にしてその優待をほしくなる気持ちが湧いてきます。しかし、そこはぐっとガマンして、優待はもらわない選択をすることが大切です。

もしそれでも、その銘柄について調べているうちに「どうしても優待がほしくなってしまった！」というときには、優待の権利獲得の前に売って利益を得る分とは別に、権利獲得に必要な最低単元分だけの持ち株を買っておき、その分については、権利落ちによる値下がりも覚悟したうえで権利付き最終日を持ち越す、という形で対応するといいでしょう。

イベント発生月の前月の頭に買って、その月のうちに売る

さて、実はここまでのノウハウは、これまでにも投資家のあいだで多少は知られた投資法でした。私の知人でもある有名個人投資家・夕凪氏が著した『スタバ株は1月に買え！ 10万円で始めるイベント投資入門』（東洋経済新報社）という関連のベストセラーも存在しています。

ただ私の場合、ここまでに紹介した一般的な株主優待先回り買いの手法について、次のような検証を行って、収益性をさらに高めるための具体的なルール化を行っています。

多数のチャートを眺めて判明したこと

株主優待実施企業の権利付き最終日の前後に、株価の値動きに一定の傾向が存在していることについては、すでに述べたように実証的に示した研究が存在します。

そこで私は、株主優待を実施している全銘柄について、過去10年間の権利確定日前後の値動

きを、株価チャートを使って片っ端から確認してみました。そうした傾向がより鮮明に現れる銘柄がないか、またそのタイミングについても、何か法則性を見つけられないかと検証してみたのです。

その結果、おもしろいことがわかりました。

それは、**権利確定月の前月に、月足のローソク足が圧倒的な割合で陽線になる銘柄がいくつかあった**ことです。なかには、過去10年間すべてで陽線だった銘柄まであります。

逆に、権利確定月の前月には陽線になる傾向が強い銘柄であっても、**権利確定月の当月には、月足のローソク足が陰線になるケースが多い**こともわかりました。

初心者の読者のため、念のために用語の解説をしておくと、「ローソク足」とは株価チャートにおける表現形式の一種のことです。ひとつのローソク足が、一定の期間における株価の始値《はじめね》・高値《たかね》・安値《やすね》・終値《おわりね》の4つを同時に表しています（左図参照）。

1ヶ月間の株価の値動きを示すのが「月足《つきあし》」のローソク足で、1週間の値動きなら「週足《しゅうあし》」、1日の値動きなら「日足《ひあし》」などと呼び分けます。

図表4　ローソク足の基本的な見方

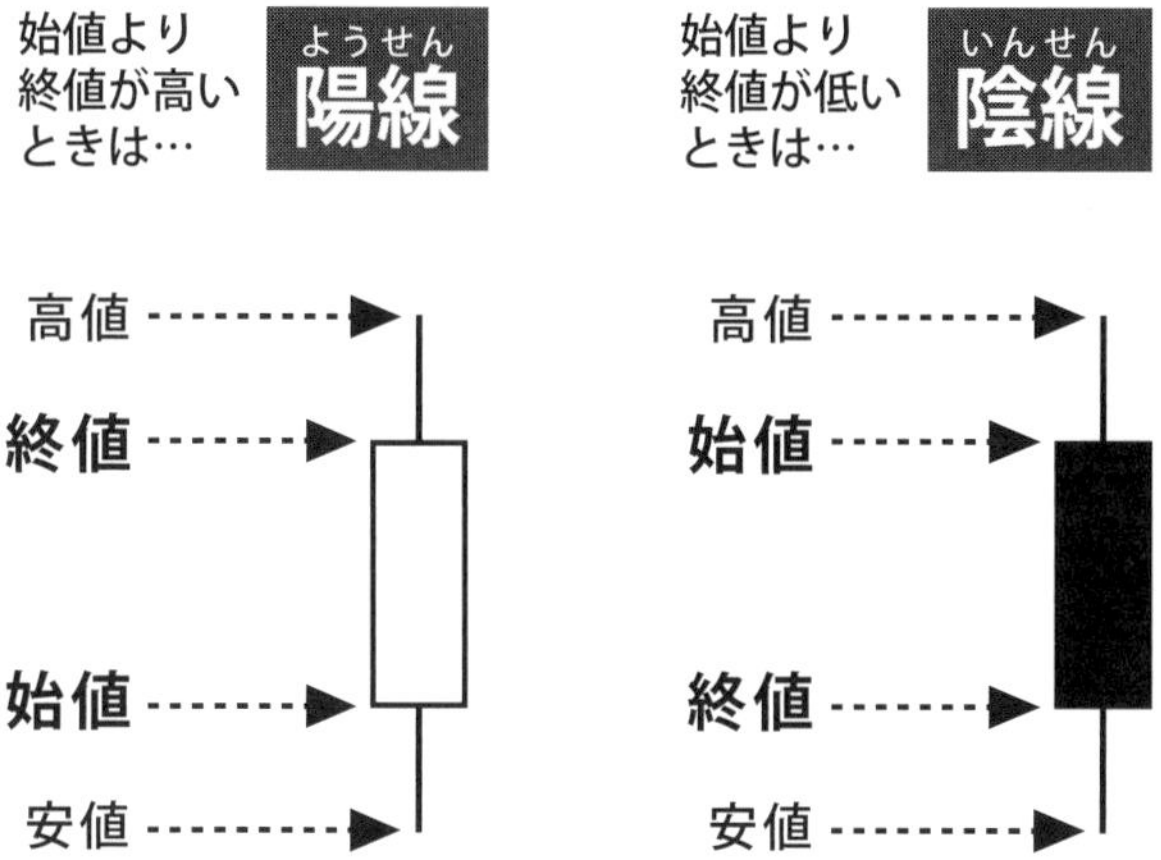

　そして、その一定期間での始値より終値が高ければ、値上がりを示す「陽線」となり、逆ならば、値下がりを示す「陰線」となります。

　ちなみに通常、白黒表示では陽線は白抜き、陰線は黒塗りで表されますので、本書でもその慣例に従います（カラーの場合は、赤と青で示されることが多いようです）。

　この用語解説を踏まえて、先ほど発見した「おもしろいこと」を解説すると、次のようになります。

　つまり、株主優待の権利確定というイベントに向けて、優待実施企業の株価は数ヶ月～1ヶ月くらい前からジリジリと値上がりしてくる傾向がありますが、その傾向を月単位で見ると、権利確定の当月でも2ヶ月前でもなく、**前月にこそ値上がりが顕著に現れる**、ということです。

もちろん2ヶ月前や3ヶ月前から値上がりしてくる銘柄もなかにはあります。しかし、そうではない銘柄も多く、また2～3ヶ月前から値上がりしてくる銘柄でも、2ヶ月前や3ヶ月前の月については年によって値動きにばらつきが見られます。

しかし、**権利確定の前月であれば、高い確率で権利確定に向けた値動き、つまり株価の上昇が確認できる銘柄が多くある**、ということがわかったのです。

そして権利確定の当月については、そもそも権利落ちの値下がりが生じるために、月末にかけての株価には低下圧力がかかります。

加えて、権利付き最終日の数日前からは、私たちと同じように「株主優待への先回り買い」をしていた投資家による利益確定のための売り圧力が生じることで、月単位で見た場合にはむしろ陰線になってしまうケースが多いのです。

明確な売買タイミングが浮かび上がった

こうして判明した、優待実施企業の株価に生じる明らかな傾向を利用すれば、従来から知られていた「株主優待への先回り買い」の優位性をより確実なものにできます。

つまり、**権利月の前月のローソク足が圧倒的に陽線になる確率が高い銘柄を厳選したうえで、権利確定の前月の月初に買い付けし、権利確定の当月にまでは持ち越さず、前月の月末に値上がりしたタイミングで売却する**、というものです。

売買すべきタイミングが明確なため、いつ買うか、いつ売るか迷う必要がなく、機械的に投資するだけで、かなりの確率で値上がり益を得られる手法と言えるでしょう。

ちなみに、1ヶ月弱の保有期間のうちに、なんらかの理由で株価が大きく吹き上がったりしたときには、臨機応変に利益確定をすればそれで問題ありません。

また株主優待については、やはり原則としてはもらわずに、値上がり益だけを確保しにいくことが求められます。

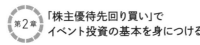

有望銘柄の選び方を知り、複数銘柄でポートフォリオを組む

該当月の優待実施企業すべてのチャートを目で見て、集計するだけ

では、権利月の前月のローソク足が、圧倒的に陽線になる確率が高い銘柄はどのように選べばよいのでしょう?

これも実は、それほど難しい話ではありません。

たとえば、あなたが2月に投資をしたいと考えたなら、少し待って3月に入ってから投資することを想定して、その翌月の4月に株主優待の権利確定イベントが発生する銘柄をすべてピックアップします。

これには、株主優待実施企業とその内容を網羅的にまとめた出版物や、ネット上の株式情報系のサイトが役立ちます。

前者の例としては、日本経済新聞社が毎年刊行している『株主優待ハンドブック』や、こちらも年度版で野村インベスター・リレーションズ発行の『知って得する株主優待』などがあります。

後者については、「4月　株主優待銘柄」といったキーワードでグーグル検索すれば、証券会社がつくっているサイトから個人のブログまで、多くのウェブサイトがヒットします。

こうして、目当ての月に株主優待の権利確定イベントが発生する銘柄をすべてピックアップできたら、それらについて月足のローソク足チャートをひとつずつ確認していきます。

またこのときには、さかのぼれるかぎり長い期間でチャートをチェックしてみてください。

誰でも見られるヤフーファイナンスのサイトでも10年前まで確認できますし、各証券会社に口座を持っていれば、たいていはそれぞれの証券会社が提供しているチャートツールでより詳細、かつ長期間の月足・ローソク足チャートを確認できます。

画面が小さいとローソク足の判定が難しくなりますし、いまどの月のローソク足を見ているのか判別するのが難しくなるので、スマホではなくパソコンやタブレットのモニターで、また

図表5　判定の仕方のイメージ図

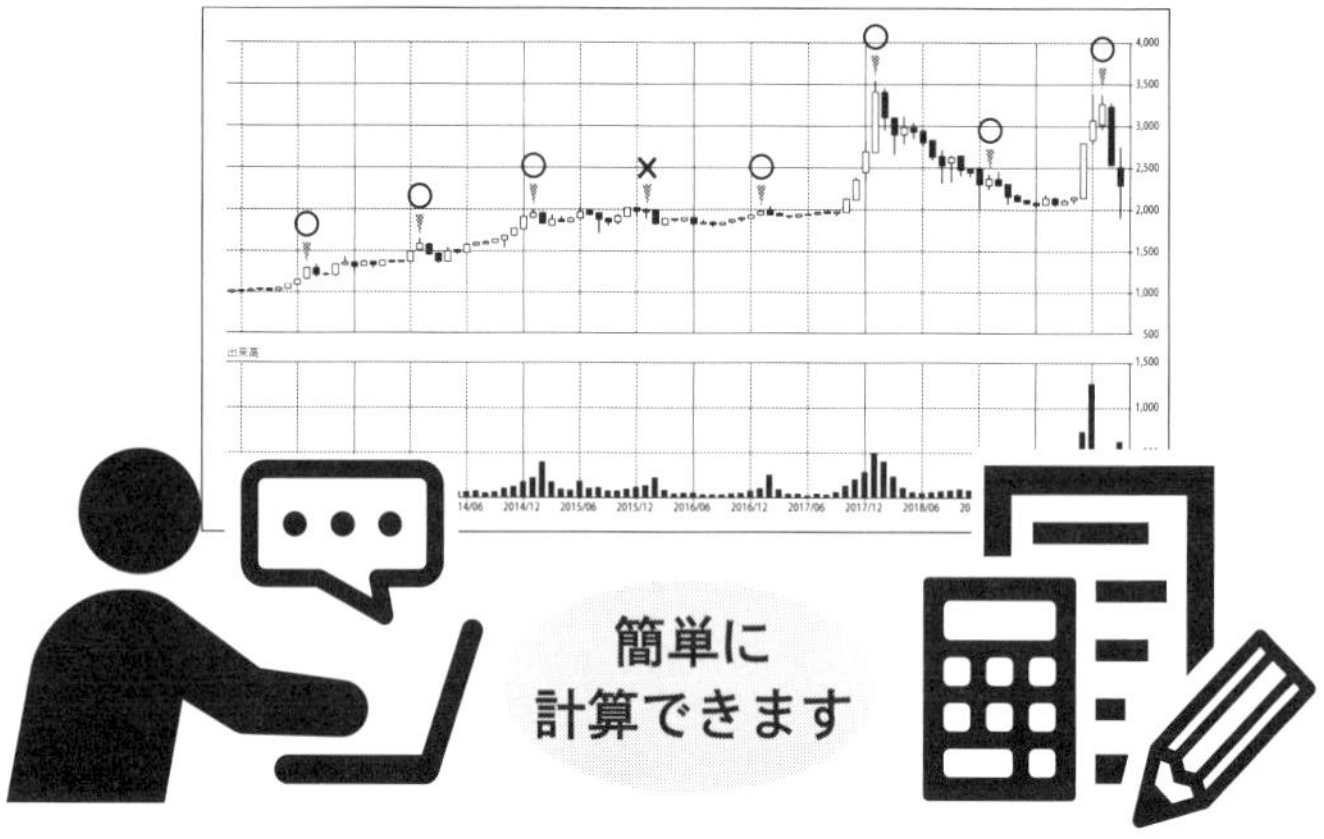

株価や集計期間の表示補助機能などがある各証券会社提供のチャートツールを利用するのがオススメです。

そのうえで、各月足チャートで、毎年の優待権利確定月の前月のローソク足が陽線なのか、陰線なのかを集計していきます。

10年前までさかのぼれて、そのうち6年が陽線で4年が陰線なら、「6勝4敗」で勝率60%、というように順番に集計していくのです（陽線と陰線がわからない場合は、54～55ページを再確認してください）。メモと筆記用具、あとは電卓があれば十分にこなせる作業のはずです。

株主優待の権利確定月は3月や9月、あるいは12月に集中しているので、そうした集中月の優待銘柄の勝率集計には、少々時間がかかるでしょう。それでも、チャートを出して、実際に目でローソク足を見て確認し、メモをとって記録していくだけなので、長くても数時間あれば全部を集計できるはずです。

権利確定する企業が少ない月（たとえば4月）ならば、それこそ30分程度あれば全銘柄をチェックできます。

そうすると、この場合なら4月に株主優待の権利確定イベントが発生し、かつ権利確定前月の月足チャートが陽線になる確率が高い銘柄をいくつか見つけ出せます。そのときの気分や状態に左右されることなく、検証可能なデータによって投資先を選定できる、というわけです。

ひとつの銘柄だけに資金を集中させない

なお、権利確定前月の勝率が高い銘柄をいくつか選び出したら、**そのうちの上位2〜5銘柄程度に分散投資する**ことを心がけてください。

手元の資金に余裕があるならば5銘柄くらいに、資金が少ない場合でも最低限3銘柄くらいには分散投資すべきでしょう。

のちほど具体的に紹介していきますが、勝率が非常に高い銘柄でも、権利確定月の前月のロー

図表6　月ごとの優待実施企業の数（2019年実績）

決算月	優待実施企業数
1月	35
2月	148
3月	829
4月	35
5月	36
6月	116
7月	34
8月	114
9月	423
10月	38
11月	40
12月	184

注：筆者集計

ソク足が陰線になることはあります。

1銘柄だけに集中投資していると、そうした場合にこうむる損失が大きくなってしまいますから、複数銘柄に分散投資することで、全体として負ける確率をさらに低減させ、パフォーマンスを安定させるのです。

そしてさらに、このステップを**毎月、機械的に繰り返す**ことで、年間をとおして定期的に利益を得るチャンスを手にできます。

上の表は、それぞれの月に株主優待の権利確定日が到来する企業の数をまとめたものです。多少のばらつきはありつつも、毎月それなりの数の企業が権利確定日を迎えることがわかります。

ということは、同じ手法で何度でも投資できますから、定期的に繰り返すことで、全体での損益がマイナスになる可能性をさらに小さくできるのです。

実例 北恵（9872）

具体例をひとつ紹介しておきましょう。

次ページに横に示したチャートは、本書執筆時点で私が10月の「株主優待先回り投資」の筆頭銘柄としている**北恵（9872）**のものです。株主優待の権利確定日は毎年11月20日で、100株以上の保有で500円分のクオカードなどをもらえます。

紙面上ではちょっと小さくなってしまって見にくいのですが、このチャートで権利確定月の前月となる10月の月足チャートをさかのぼって確認・集計していくと、過去8年間では6勝2敗、75％もの勝率を誇っていることがわかります。

これは、11月に権利確定する全株主優待実施銘柄のなかでも非常に高い勝率ですから、10月の頭に購入し、11月20日の権利確定イベントに向けて株価が上昇するのを確認しつつ、10月の末ごろに売却すれば、過去の事例から考えれば75％程度の勝率を期待できるというわけです。

このように投資していきます。

図表7 北恵(9872) 月足・ローソク足チャート

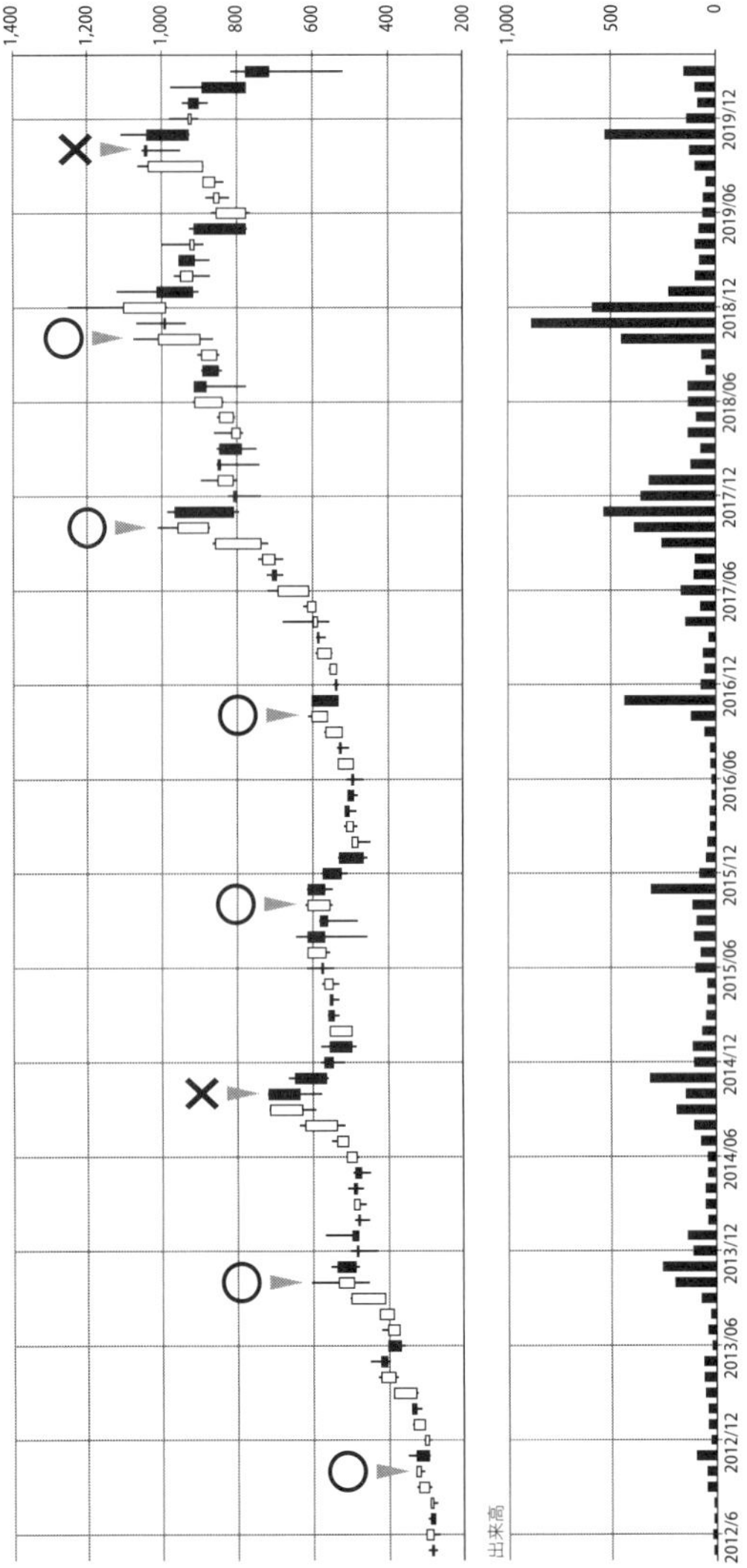

12ヶ月先回り買いリスト

ここでは、1月から12月までの各月について、事前に私がピックアップした先回り買いの候補銘柄を1銘柄ずつ紹介していきましょう。多くは本書執筆時点（2020年3月31日）での調査で、権利確定月の前月の勝率がもっとも高かった銘柄です（優待廃止予定があるなど、特殊要因で候補から外した銘柄もあるので、勝率トップではなかった銘柄も含まれます）。調査期間は一律に過去8年間としました。

なお、当然ながら時間の経過によって勝率は変わっていきますから、こうした先回り買いの候補銘柄も変わっていきます。また、本書の刊行後に優待内容の改悪や優待廃止で前提条件が変わってしまうケースも予想されます。

ここに紹介する12銘柄はあくまで参考なので、**実際に投資する際には、そうした前提条件の変化がないか確認したうえで、そのほかの高勝率銘柄とも組み合わせて分散投資すること**を決して忘れないでください。

1月　柿安本店（2294）

2月決算銘柄

過去8年間の月足　7勝1敗（勝率87・5％）

柿安本店（2294）は、お惣菜店や精肉店を手掛けている企業です。

株主優待の権利確定日は2月末日で、保有株数に応じて、自社店舗での優待利用券や「選べる高級食品」などの株主優待を入手できます。

権利確定月の前月となる1月の月足・ローソク足を振り返ると、過去8年間のうち7回が陽線になっています。

ちなみに、権利確定当月の2月について見ると、8回すべてで陰線になっています。つまり値下がりしています。権利確定の当月ではなく、前月にこそ買われる傾向が強い、ということを実感できるのではないでしょうか？

図表8 柿安本店（2294）月足・ローソク足チャート

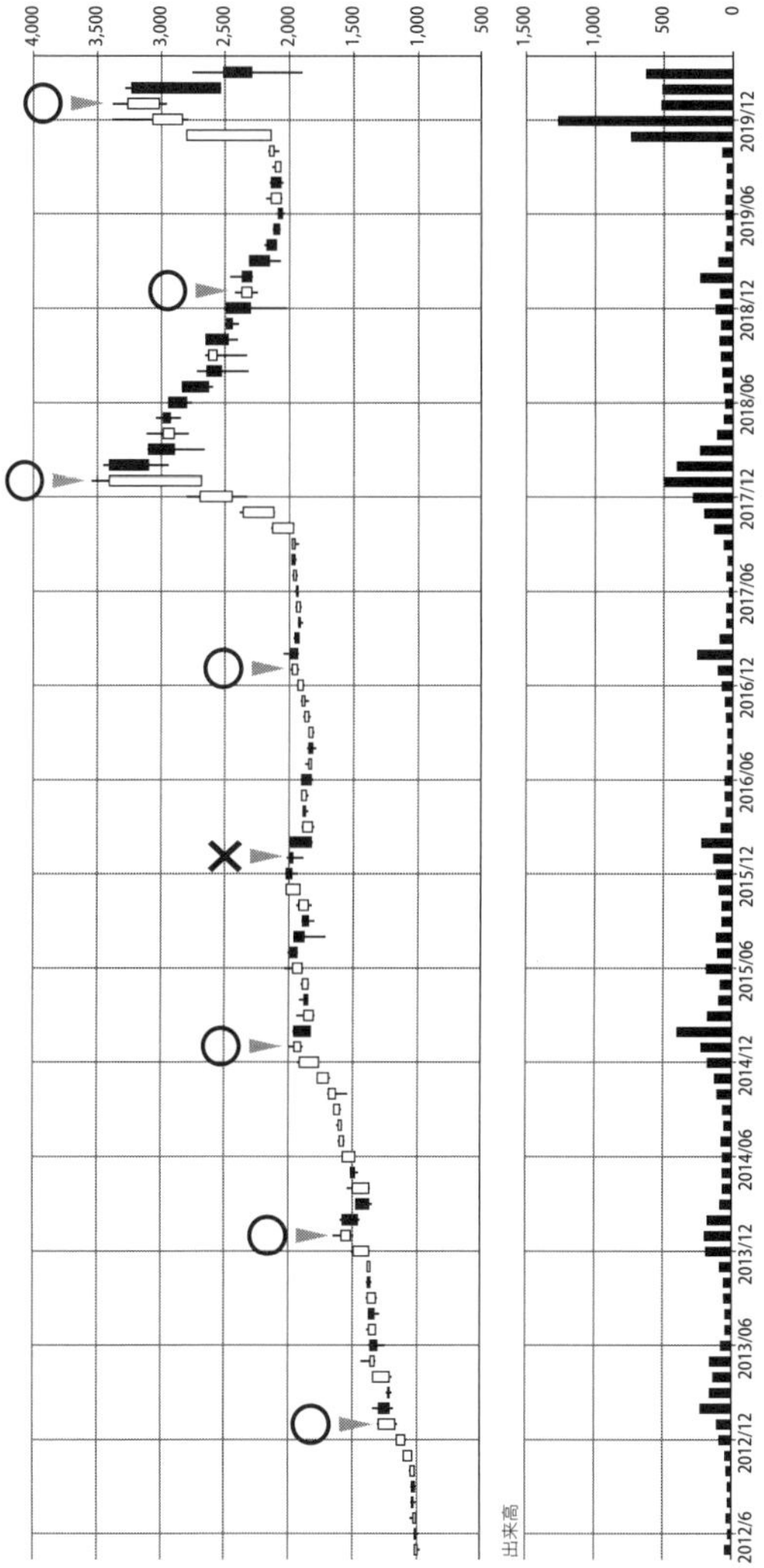

2月　日本ＫＦＣホールディングス（９８７３）

3月決算（9月中間決算）銘柄

過去8年間の月足　7勝1敗（勝率87・5％）

日本ＫＦＣホールディングス（９８７３）は、おなじみ「ケンタッキーフライドチキン」チェーンを運営する会社の持株会社です。保有株数に応じて、半期ごとにケンタッキーフライドチキンで利用可能な商品券を株主優待として受け取れます。長期保有で商品券の額面が増額されるなど、魅力的な優待内容で優待族にも人気です。

　このように1年のうちに複数回、株主優待を出している企業の場合は、権利確定日も複数回設定されていることが一般的です。同社でも、半期決算の締め日と、年度末の決算の締め日がそれぞれ権利確定日として指定されていますが、このうち権利確定月の前月の勝率が特に高いのは、年度末の2月のほうです。過去8年間で7回が陽線になっています。

図表 9　日本ＫＦＣホールディングス (9873) 月足・ローソク足チャート

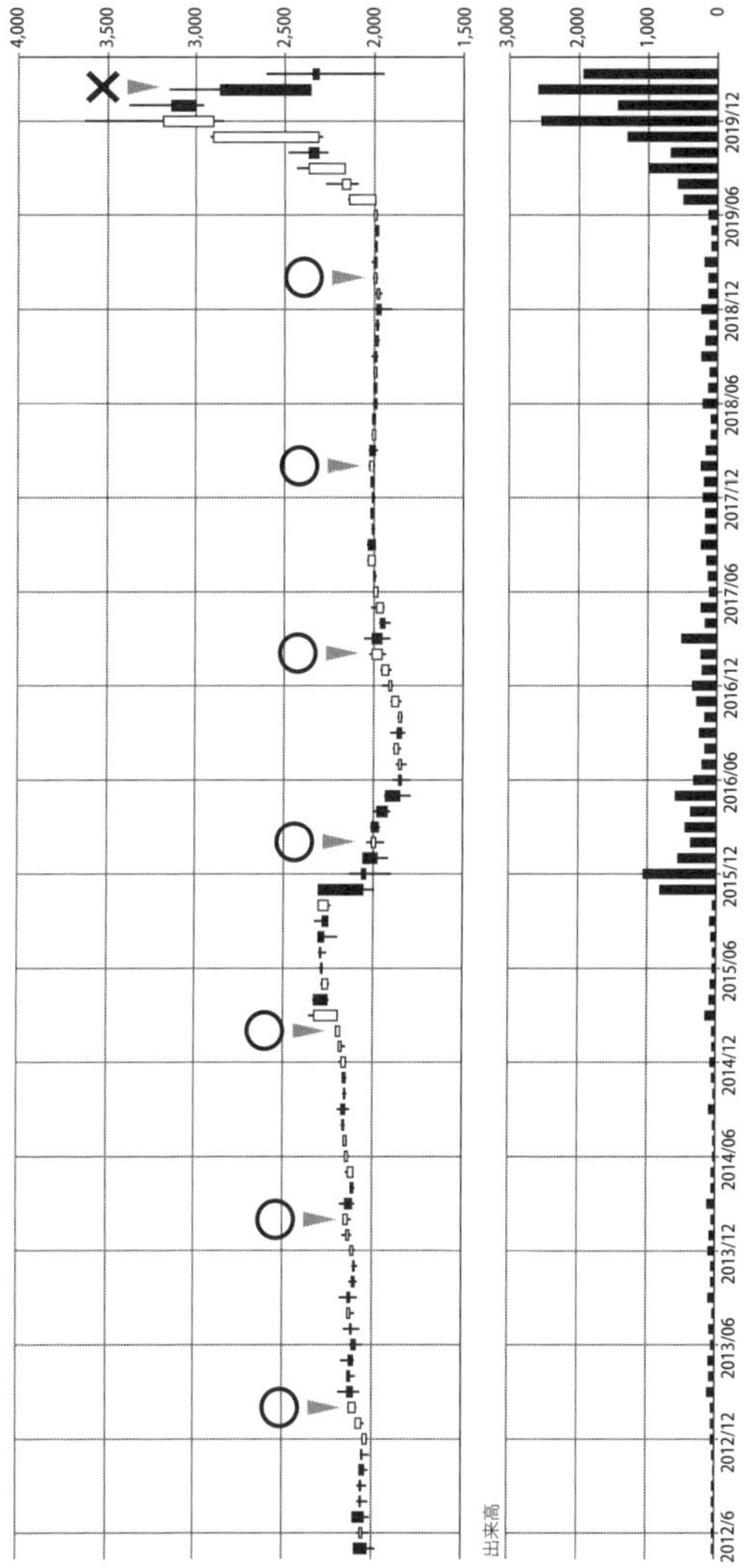

3月　伊藤園　第1種優先株（25935）

4月決算銘柄

過去8年間の月足　7勝1敗（勝率87・5％）

伊藤園（2593）は飲料水や緑茶飲料で有名な企業ですが、個人投資家に非常に人気のある株主優待を実施している企業でもあります。通常の株のほかに株主の権利が一部制限された**第1種優先株**（25935）も発行されており、こちらでも株主優待をもらえます。権利制限のために株価はかなり安くなっているので、こちらのほうが狙い目でしょう。

保有株数に応じて、自社商品の詰め合わせを毎年1回受け取ることが可能で、保有株数が一定以上に増えると優待の内容がよくなります。

権利確定月の前月となる3月の月足・ローソク足を振り返ると、過去8年間のうち7回が陽線になっています。勝率は9割近くに達します。

図表10 伊藤園 第1種優先株(25935)月足・ローソク足チャート

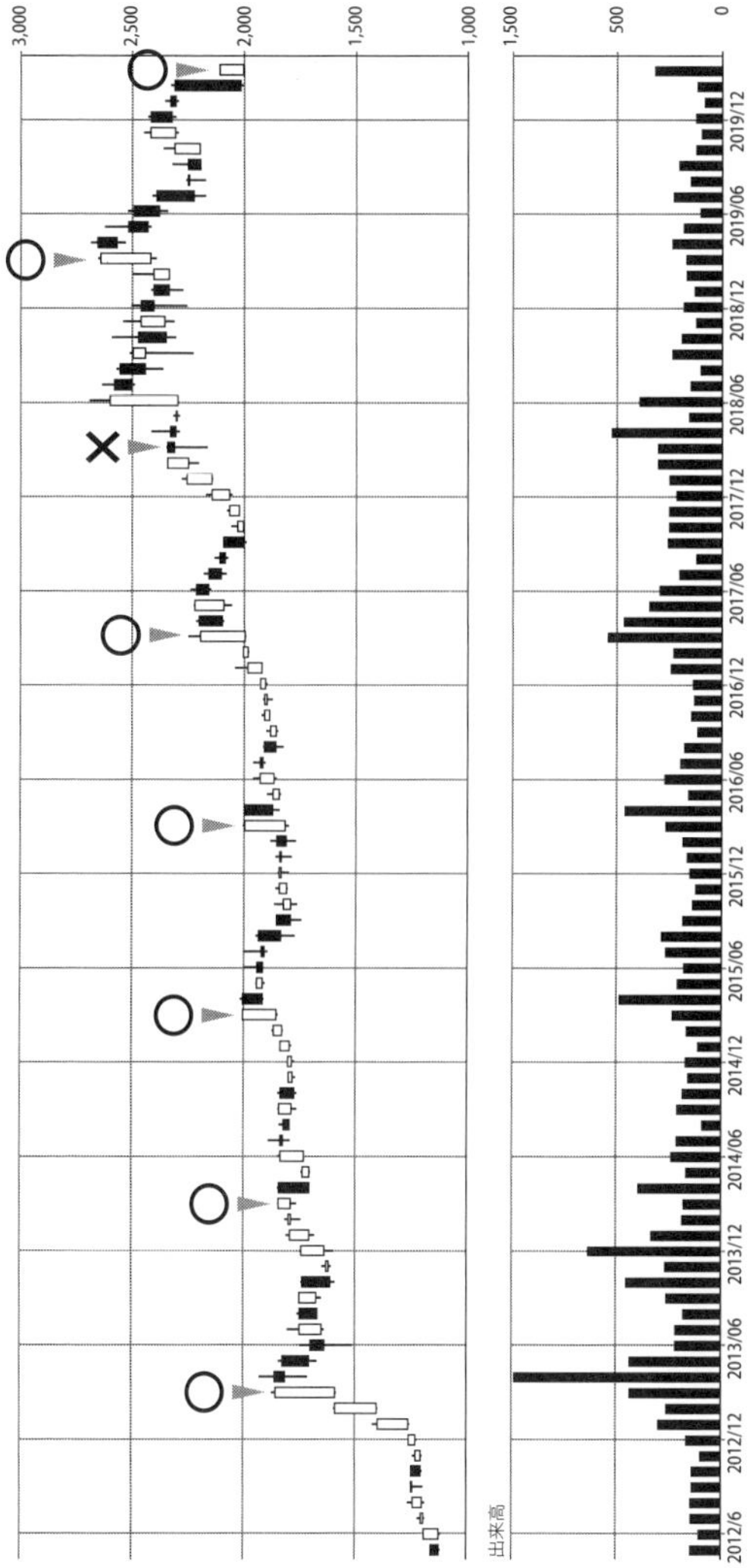

4月　銚子丸（3075）

5月決算銘柄

過去8年間の月足　7勝1敗（勝率87・5％）

銚子丸（3075）は、回転寿司店「すし銚子丸」のチェーン展開をしている企業です。当然、株主優待は自社の店舗で利用できる商品券で、保有株数に応じて年に2回、優待品を受け取ることが可能です。

2つある権利確定月のうち、期末の権利確定月となる5月の前月、4月の月足・ローソク足を振り返ると、過去8年間のうち7回が陽線になっていました。

こうした高い勝率の銘柄では、出来高のチャートも規則的な形を描くケースが多い点にも、注目してみてください。

図表11 銚子丸 (3075) 月足・ローソク足チャート

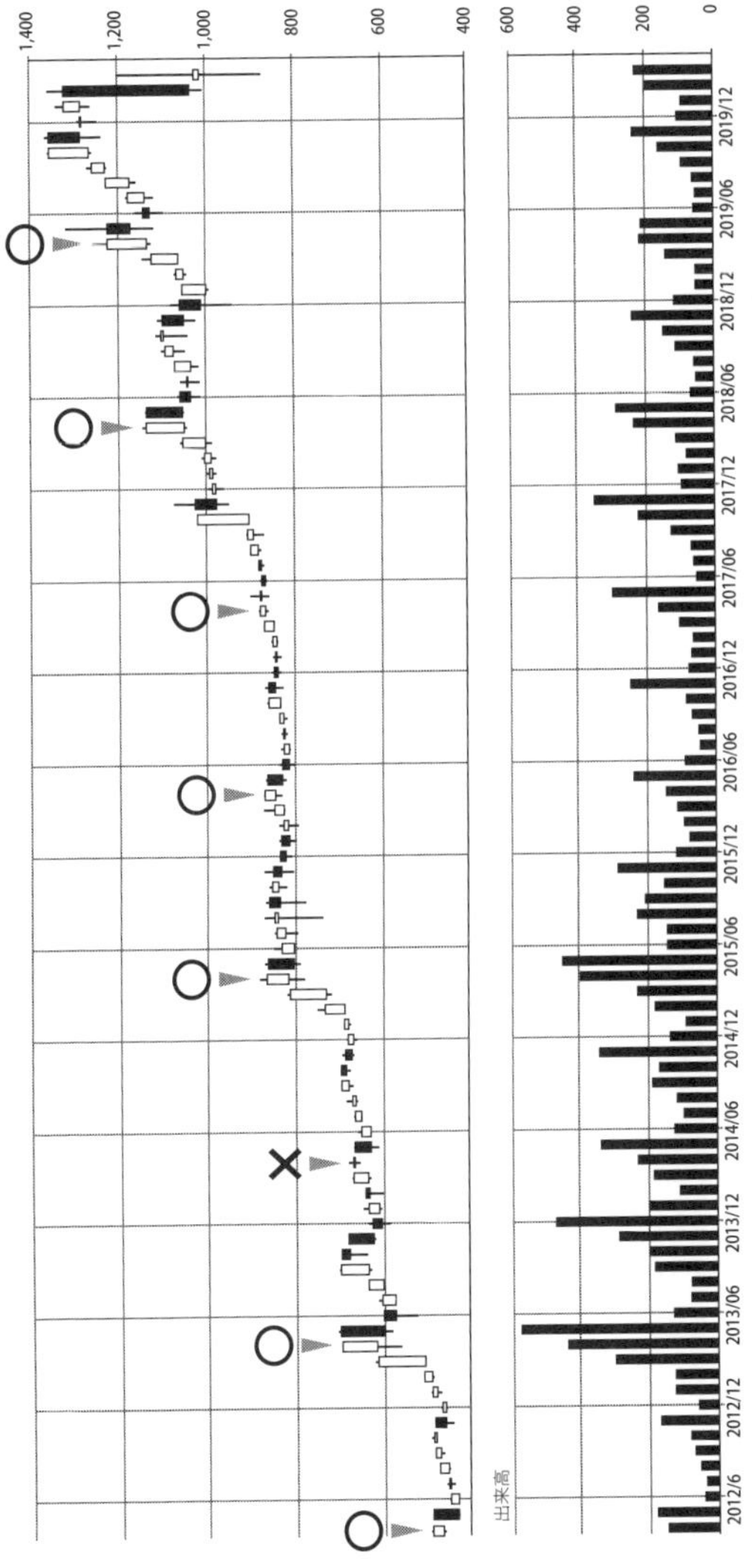

5月　湖池屋（2226）

6月決算銘柄

過去8年間の月足　5勝3敗（勝率62・5％）

湖池屋（2226）は、ポテトチップスなどのお菓子で有名な会社です。

１００株以上の保有で、１０００円相当の自社商品の詰め合わせが受け取れ、手軽さから個人投資家に人気の優待銘柄と言えます。

権利確定月の前月となる5月の月足・ローソク足を振り返ると、過去8年間のうち5回が陽線になっています。ほかの月の銘柄に比べると少し勝率が悪いのですが、それでも60％以上の勝率が見込めるなら、投資先としては十分に優位性が高いはずです。

あるいは、より高い優位性を維持したいのであれば、5月についてはパスをする、という選択があってもいいでしょう。

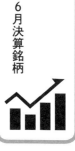

図表12　湖池屋(2226)月足・ローソク足チャート

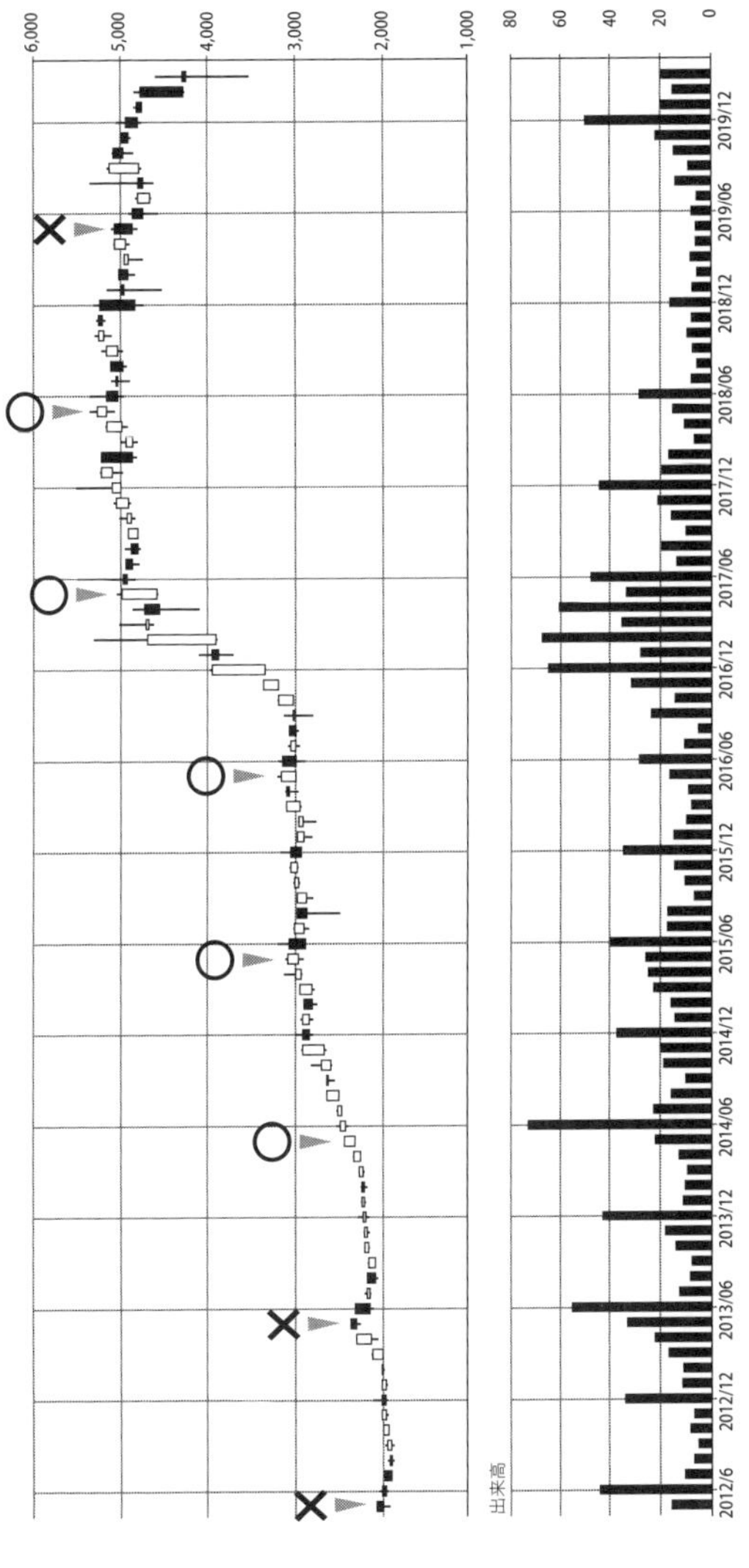

6月　バルニバービ（3418）

7月決算銘柄

過去4年間の月足　3勝1敗（勝率75％）

バルニバービ（3418）は主に飲食店を営んでいる企業です。2015年に新しく上場した会社なので、本書執筆時点ではまだ4回しか決算を迎えていませんが、さまざまな株主優待が用意されているため個人投資家のあいだでの人気が高くなっています。具体的には、自社店舗での割引券や、隅田川花火大会の特別鑑賞席優先予約権などがあり、保有株数や保有期間に応じて条件が優遇されていく、という株主優待を年2回実施しています。

権利確定月が2つあるうち、年度末の権利確定月の前月となる6月の月足・ローソク足を振り返ると、過去4年間のうち3回が陽線になっていました。少々サンプル数が少ないのですが、個人投資家のあいだでの人気を考えれば、十分に投資できる銘柄と言えるでしょう。

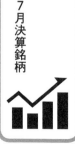

図表13 バルニバービ(3418)月足・ローソク足チャート

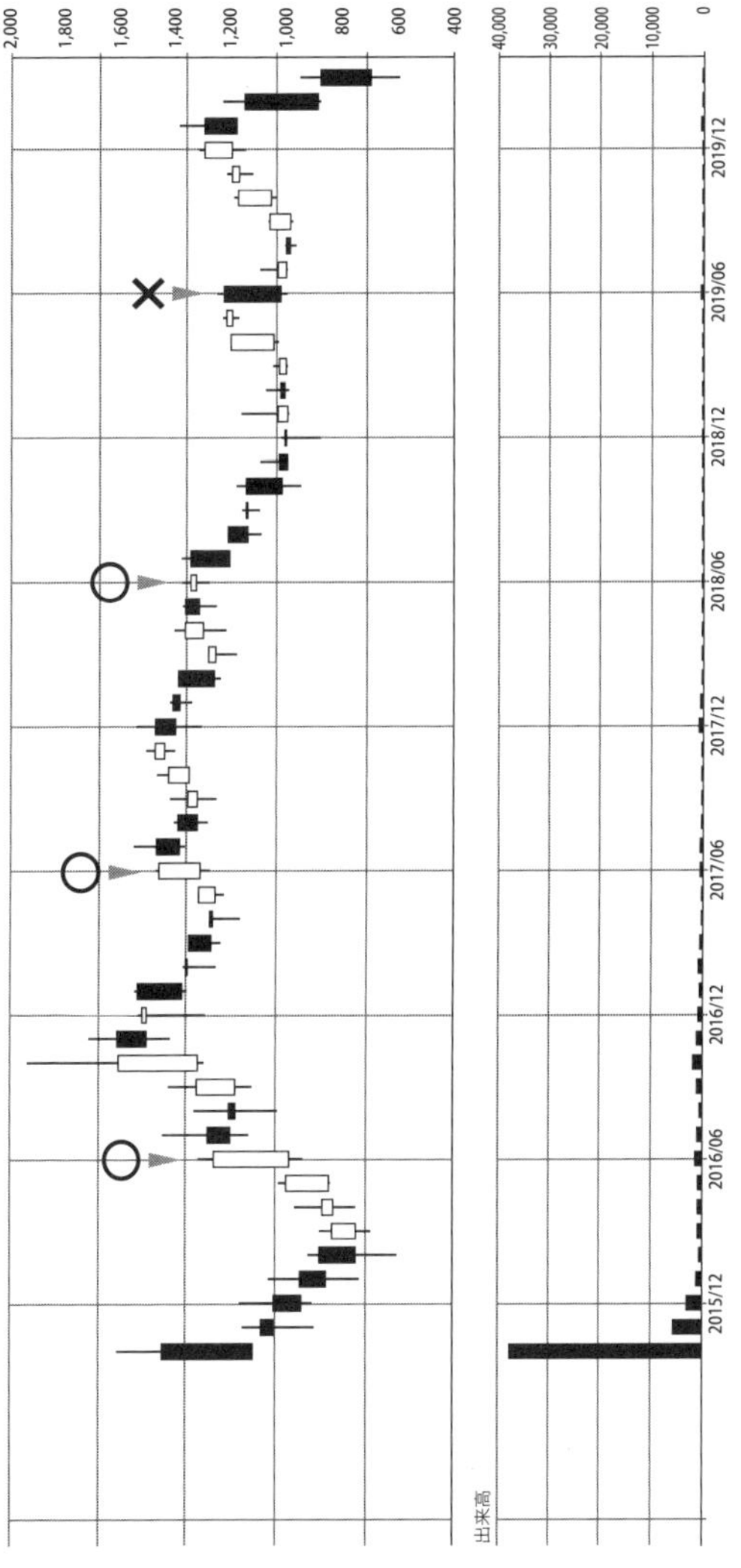

7月　鉄人化計画（2404）

8月決算銘柄

過去8年間の月足　8勝0分（勝率100％）

鉄人化計画（2404）は、首都圏を地盤に「カラオケの鉄人」というカラオケチェーンやレストランなどを運営している企業です。

年に一度、特別な会員カードや自社店舗の割引券、スパークリングワインなどが送られる株主優待は、個人投資家に根強い人気があります。

権利確定月の前月となる7月の月足・ローソク足を振り返ると、なんと過去8年間すべてで陽線になっていました。この期間にかぎれば勝率100％という驚きの結果です。

私自身、（株主優待が廃止や改悪されないかぎり）7月の投資先リストからこの企業を外すことはしばらくないでしょう。

図表14 鉄人化計画(2404)月足・ローソク足チャート

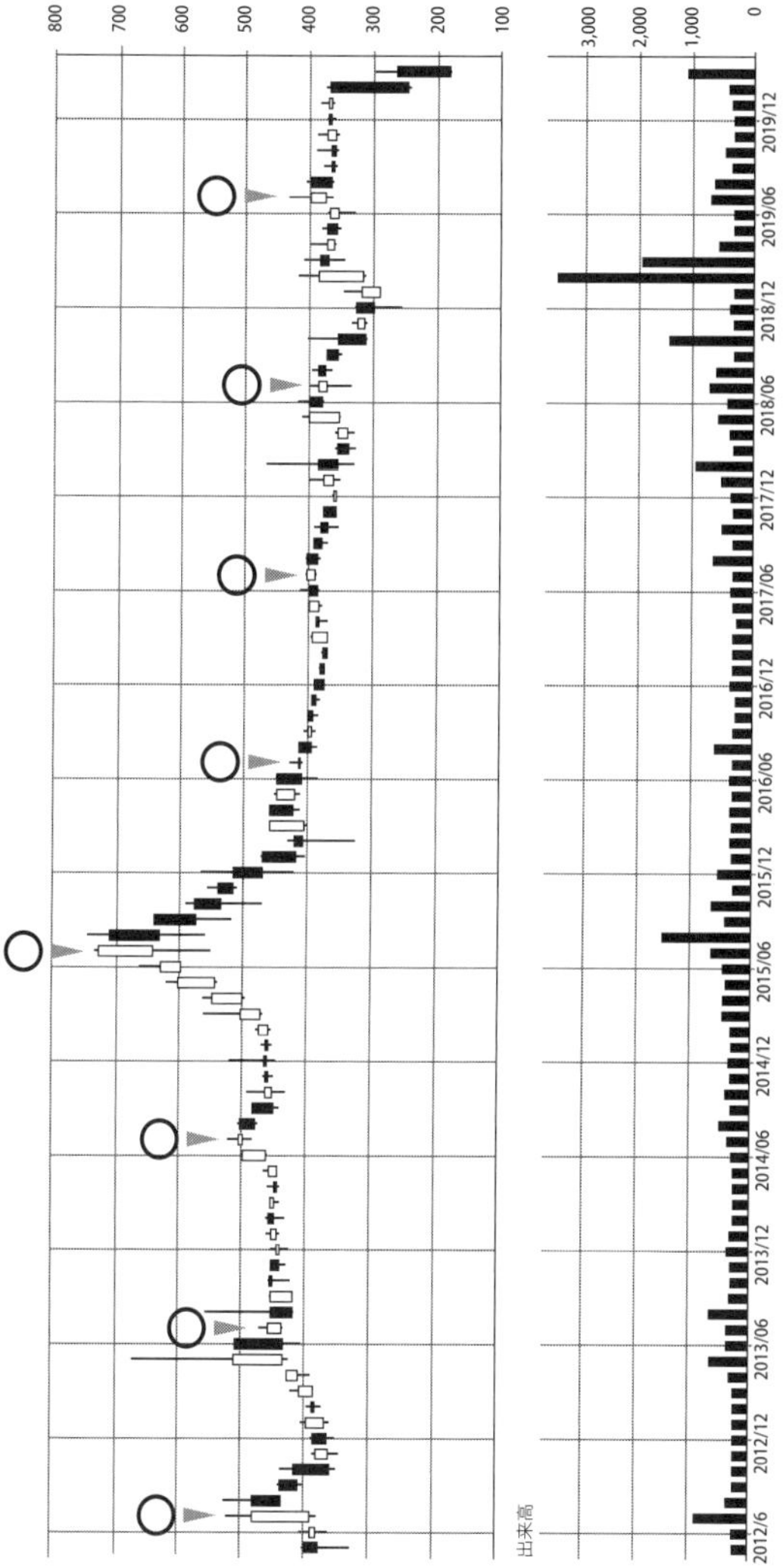

8月　ヨシックス（3221）

3月決算（9月中間決算）銘柄

過去5年間の月足　4勝1敗（勝率80％）

ヨシックス（3221）は、名古屋地域を地盤に居酒屋の「ニパチ」や「や台ずし」をチェーン運営している企業です。こうした飲食系の会社は、自社店舗の利用券や割引券などの株主優待を出しやすく、個人投資家としても無理なく利用できるため人気化する傾向があります。年に2回の優待を実施しているところも、投資家には高評価されます。

上場後まだ5年程度しか経っていませんが、この5年間について、2つある権利確定月のうち、9月の権利確定月の前月となる8月の月足・ローソク足を振り返ると、4回が陽線になっていました。勝率は80％に達しており、非常に期待できる投資先でしょう。

図表15 ヨシックス (3221) 月足・ローソク足チャート

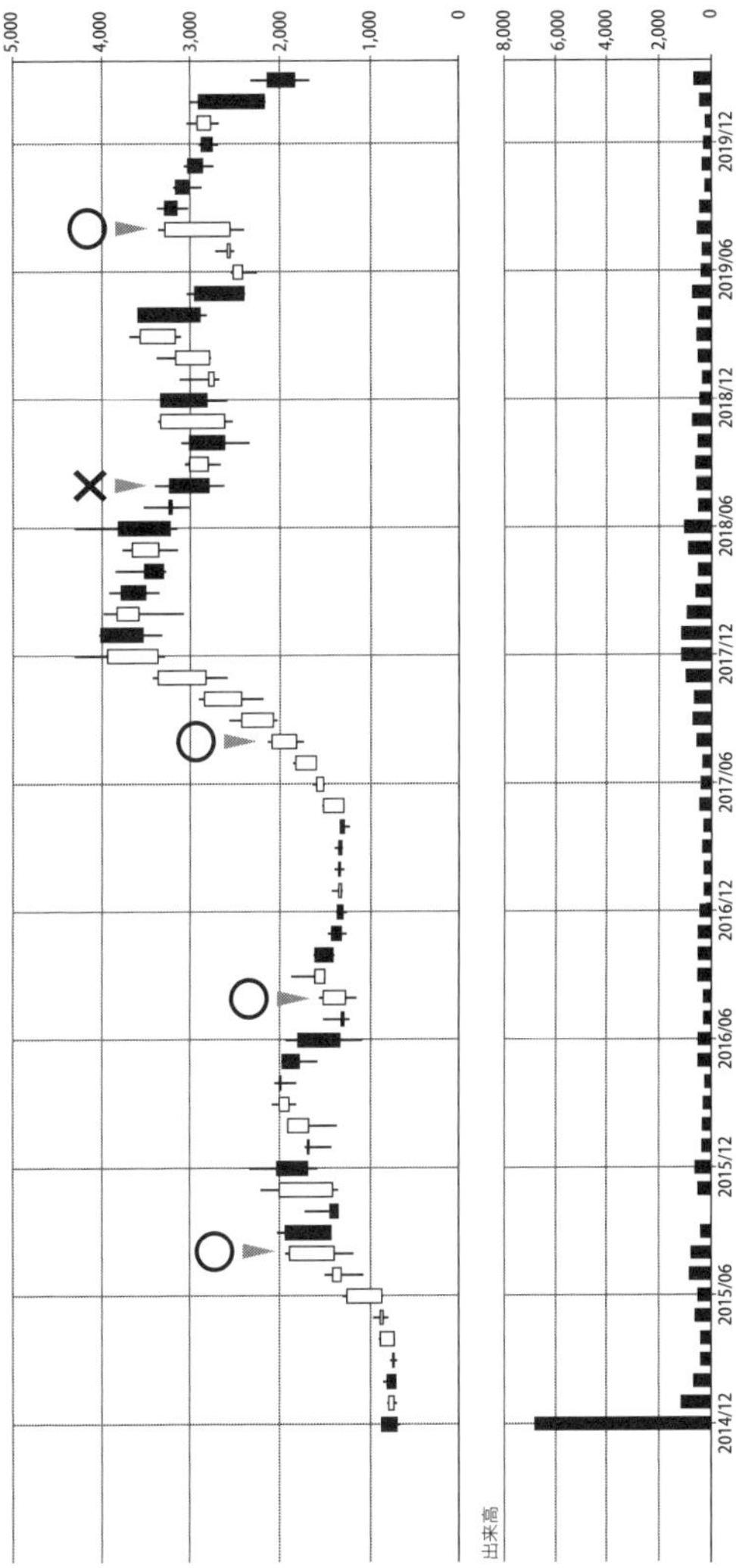

9月　東和フードサービス（3329）

4月決算（10月中間決算）銘柄

過去8年間の月足　8勝0敗（勝率100％）

東和フードサービス（3329）は、喫茶店チェーンの「椿屋珈琲」や「ダッキーダック」など、カフェやレストランのチェーンを多数展開している企業です。保有株数に応じて年に2回、自社店舗での優待食事券をもらえるほか、その金額も比較的大きいために、優待族の投資家にとっては昔から人気がある銘柄です。

権利確定月が年に2回あるうち、中間決算に合わせた10月の権利確定月の前月となる9月の月足・ローソク足を振り返ると、なんと過去8年間すべてで陽線になっていました。この期間に限れば勝率100％という結果です。

出来高のチャートも、非常に規則的な形を描いています。

図表16　東和フードサービス（3329）月足・ローソク足チャート

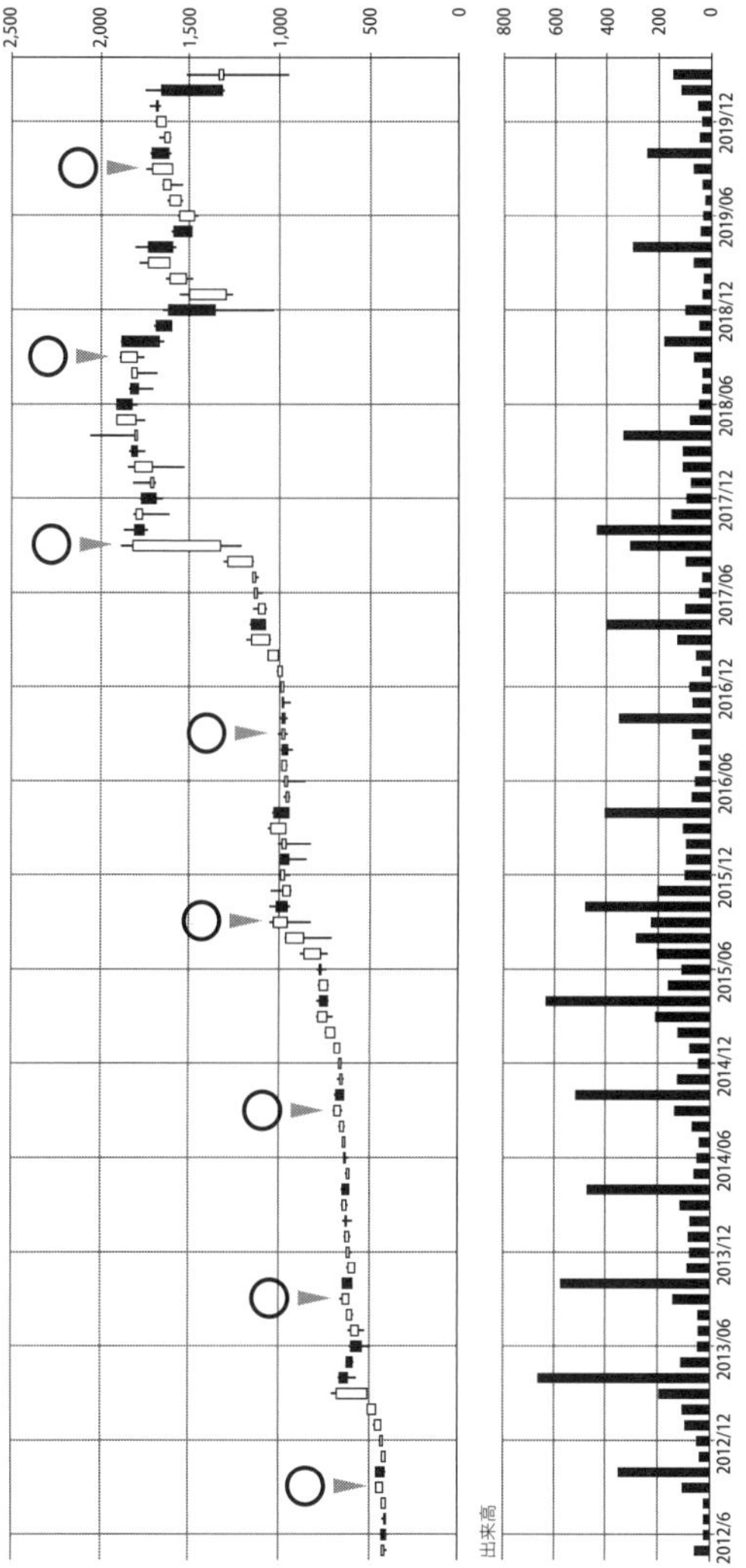

10月　北恵（9872）

11月決算銘柄

過去8年間の月足　6勝2敗（勝率75%）

63ページで実例として挙げた**北恵（9872）**は、関西圏を地盤に住宅資材の卸売業を展開している企業です。保有株数に応じて年に1回、クオカードやカタログギフトを提供する株主優待を実施しています。

正直、優待品にはそれほど大きな特徴はないのですが、本書執筆時点では100株で10万円以下と比較的少額から投資ができるため、11月決算の企業は少ないこともあり、ある程度人気がある優待銘柄だと言えます。

権利確定月の前月となる10月の月足・ローソク足を振り返ると、過去8年間のうち6回が陽線になっています。勝率は75%です。

図表 17　北恵 (9872) 月足・ローソク足チャート

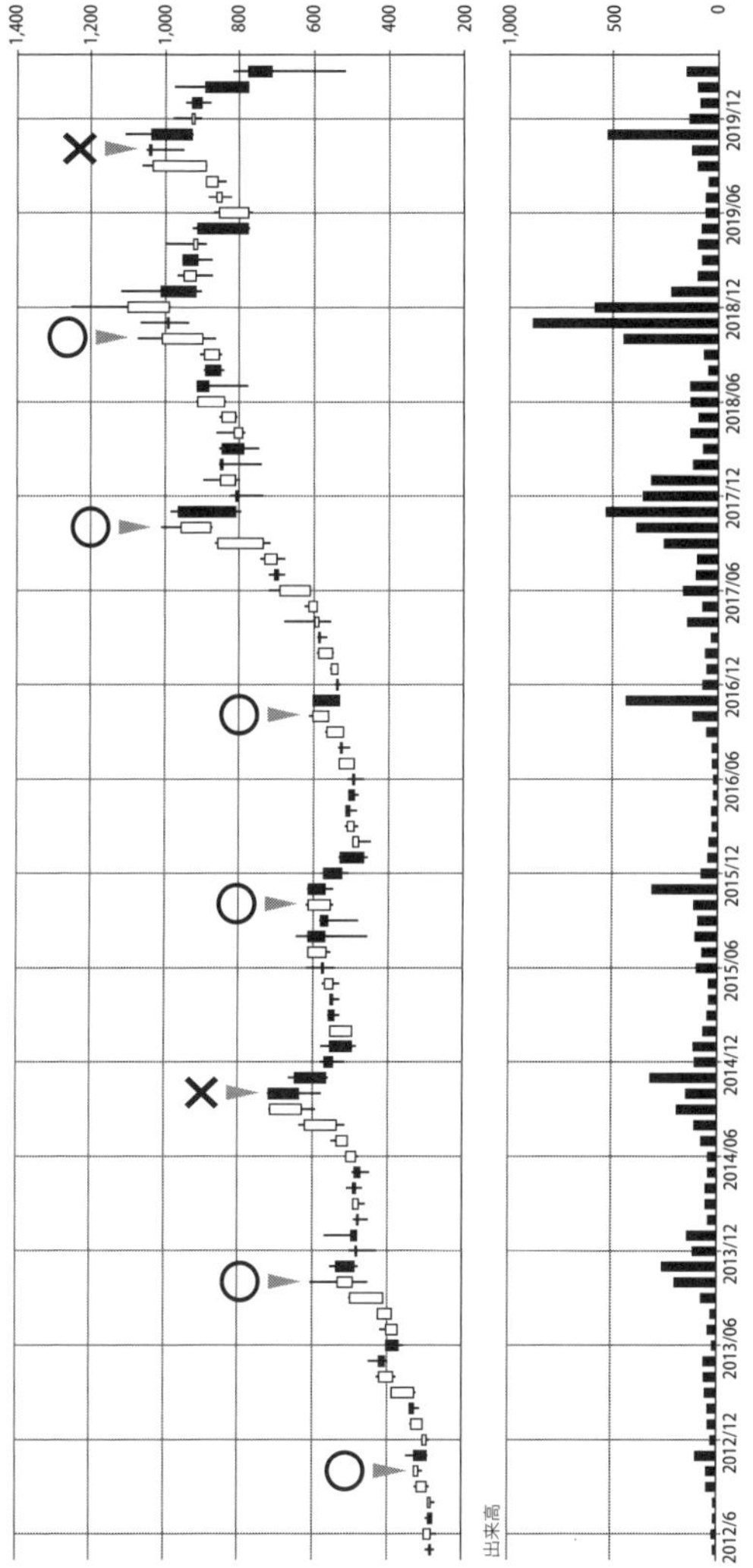

11月　日本和装ＨＤ（２４９９）

12月決算銘柄

過去8年間の月足　8勝0敗（勝率１００％）

日本和装ＨＤ（２４９９）は着物、帯などの販売仲介業を展開している企業です。扱う商品は伝統的なもので、市場についてもさらなる拡大はなかなか見込めませんが、ある種の〝生存者利益〟を手にできているため、安定的な経営を実現しています。

保有株数に応じて、年に一度、自社の商品やサービスの購入に利用可能なポイントを受け取れる株主優待を実施しています。保有株数や保有期間に応じて優待がより魅力的になる制度も導入しています。

過去8年間について、権利確定月の前月となる11月の月足・ローソク足を振り返ると、そのすべてで陽線になっていました。この期間に限れば勝率１００％です。

図表18 日本和装HD (2499) 月足・ローソク足チャート

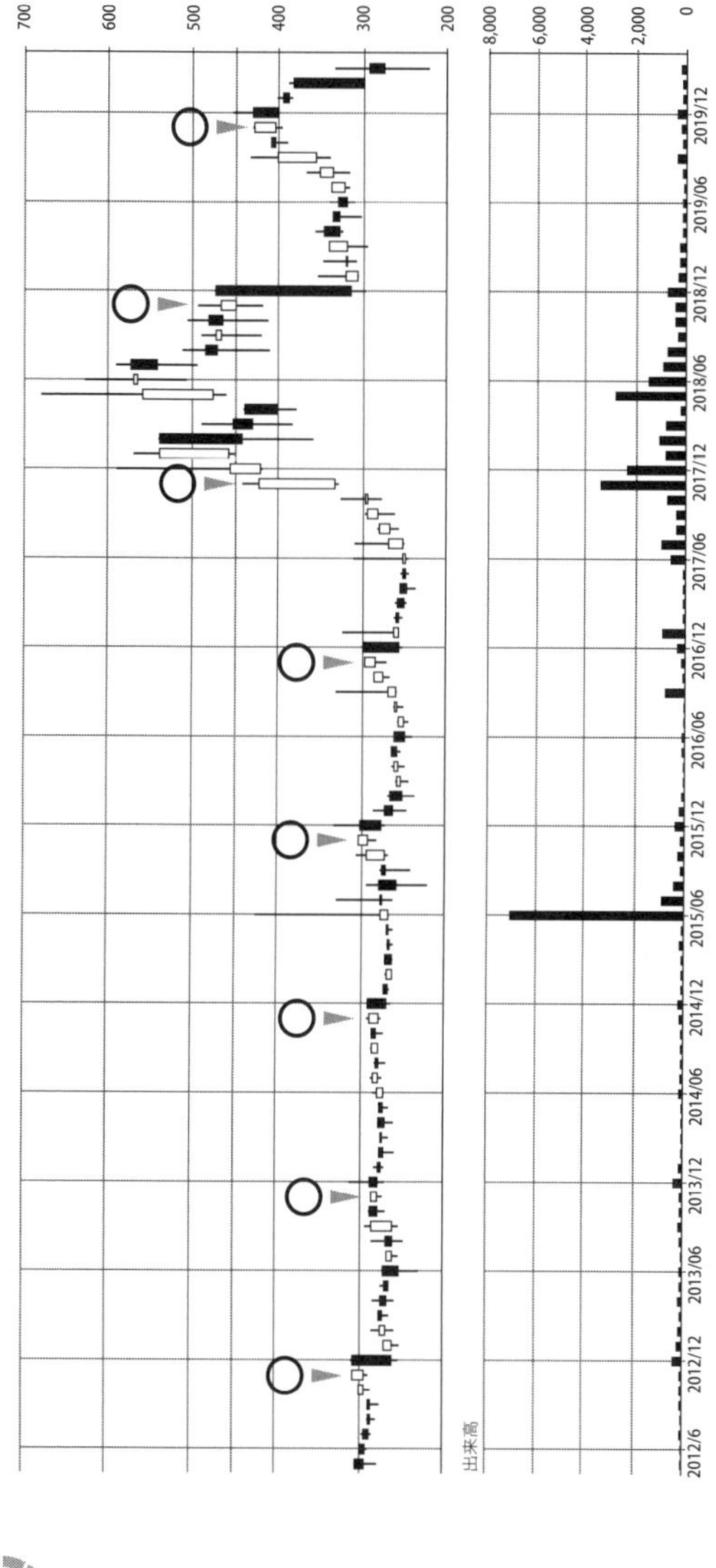

12月　ダイドーグループHD（2590）

1月決算銘柄

過去8年間の月足　6勝2敗（勝率75％）

ダイドーグループHD（2590）は、さまざまな飲料商品を販売しているのでご存知の方も多い企業だと思います。

株主優待は年に2回で、決算時期に合わせた権利確定月には6000円相当の自社製品の詰め合わせを、中間決算に合わせた権利確定月には、5年以上長期保有している場合にかぎりちょっとした記念品を受け取れます。優待品の内容が魅力的で、長期保有での優遇もあることから、優待好きな個人投資家には絶大な人気を誇っています。

決算時期に合わせた権利確定月の前月となる12月の月足・ローソク足を振り返ると、過去8年間のうち6回が陽線になっていました。勝率は75％です。

図表19 ダイドーグループHD (2590) 月足・ローソク足チャート

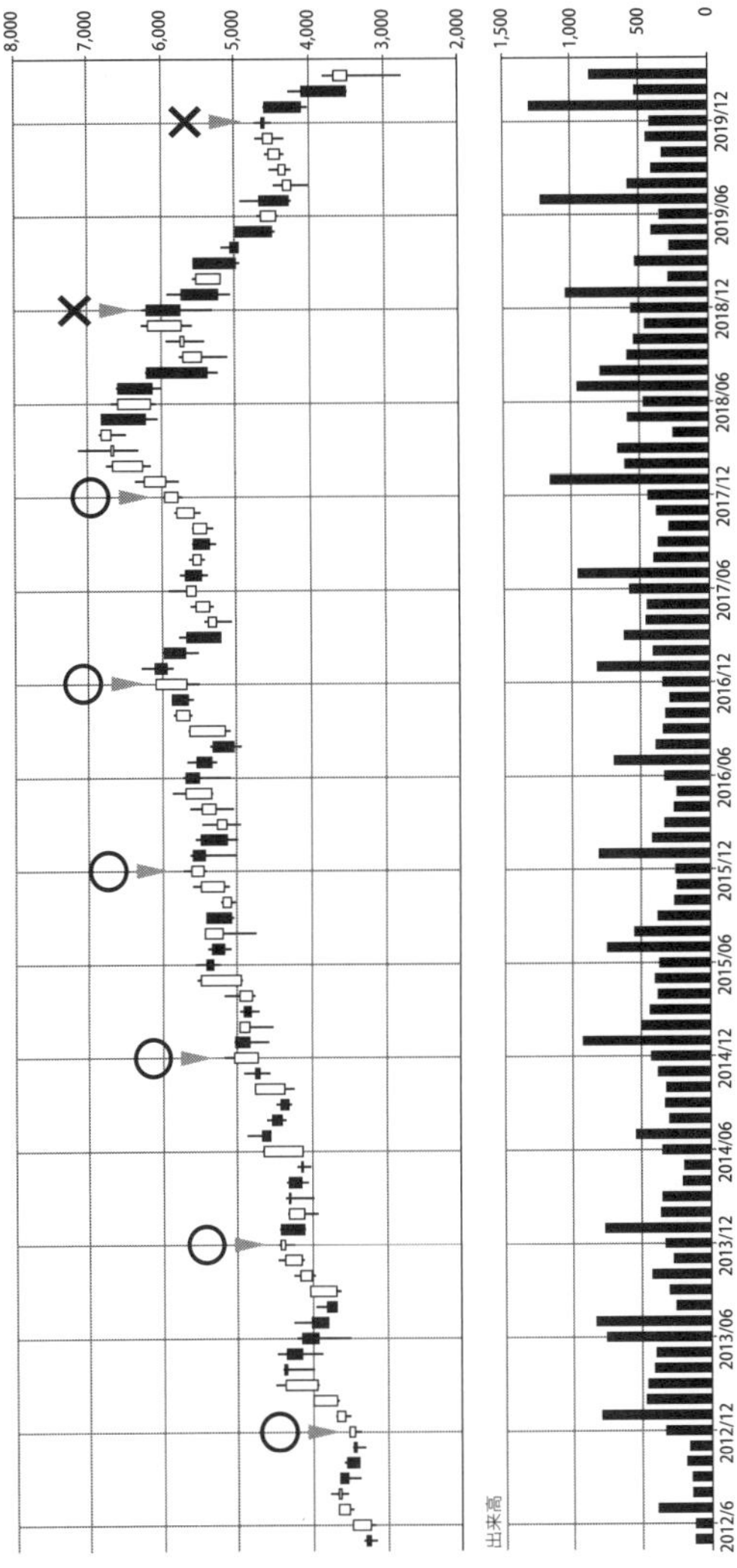

株主優待の廃止や改悪がないか確認する

IRニュースや適時開示情報のチェックが重要

こうして各月の代表的な先回り候補銘柄を確認していくと、権利確定月の前月の勝率（陽線率）がとても高いことを実感してもらえたのではないでしょうか？

私のアレンジした株主優待先回り買いは、こうした特徴にもとづいて、毎月、該当する銘柄をいくつか組み合わせて売買するだけです。

ただしその際には、**株主優待の条件の改悪や、そもそもの優待廃止の発表が企業側から出ていないか、投資の直前に確認する**ことを忘れないでください。

この手法のデメリットを紹介した際にも触れていますが、株主優待の制度は各企業が自由に変更できるものですから、条件が変わっていたり、そもそもイベントがなくなってしまっていたりすると、うまく利益を得られません。

具体的には、実際に投資をする前にその企業のウェブサイト等で「ＩＲニュース」を何ヶ月分か前までさかのぼって確認し、優待についてのネガティブな情報が出ていないかチェックしましょう。あるいは、東京証券取引所が公表している適時開示情報でもかまいません。

基本的にはグーグルなどの検索バーで、「該当の上場企業名　ＩＲ」といったキーワードで検索すれば、その会社のＩＲニュースを掲載しているページにたどり着けます（適時開示情報の確認方法については、別途第5章で詳述します）。

実例 ヨシックス（3221）

この章の最後に、実際に私が株主優待先回り買いで売買したときの事例を紹介しておきましょう。8月のオススメ銘柄として取り上げた**ヨシックス（3221）**です。

２０１９年の夏、私はその1年前と同様、同社の株を8月に入って数日経ったあたりで買い付けました。買値は２４１０円で５００株、投資総額は１２０万５０００円です（取引手数料は少額なので無視しています／以下すべて同様）。

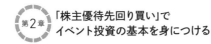

図表20 ヨシックス（3221）日足・ローソク足チャート
［2019年7月中旬〜10月上旬］

すると、その後すぐに同社が業績の上方修正を発表しました。売上高が従来予想の90億円から91億円に、経常利益が11億円から12億円へと引き上げられました。

これは、まったく予想していなかった嬉しいサプライズでしたが、好条件の株主優待を行える会社というのは、業績も伸びていて財務も健全であるからこそ、そうした優待を実施できるという側面があります。そのため、株主優待先回り買いをしていると、こうした予期せぬ上方修正の恩恵を受けられることが少なくありません。

さて、同社の株価は、その後も株主優

待の権利確定日に向けてジリジリと値上がりを続けました。

私は当初、理論どおりに8月の最終営業日近くで売却する予定でしたが、上方修正による株価上昇で一定の利益を確保できたと判断し、月の途中で売値2900円で全株を売却しました。

結果としては、わずか半月程度の保有で、24万5000円の利益をあげた計算となります（税引き前／以下すべて同様）。

右のチャートで、権利確定月の当月は月単位では値下がりしていることも、合わせて確認してみてください。

第2章のポイント

● 「株主優待先回り買い」では、株主還元策のひとつである株主優待に関係するイベントに先回りする。意識すべきは、権利確定日の2営業日前となる「権利付き最終日」。

● 権利付き最終日に向けて、株主優待実施企業の株価はジリジリと上がるが、イベントを通過すると一転、「権利落ち」の株価下落となる。

● 権利落ちの株価下落を避け、同時にイベント直前の利益確定の売り圧力なども避けるため、権利確定月の前月の値動きを狙うと、高確率で利益を得られる。つまり、前月の月初ごろに買って、その月の月末ごろに売るとよい。

● チャートで月足のローソク足を網羅的にチェックし、勝率の高い銘柄を組み合わせて投資する。毎月同じことを繰り返せば、1年中、収益の機会を確保できる。

● 投資の前に、優待条件の変更がないか、各社サイトのIRニュースで必ず再チェックすること。

第3章

「インデックス買い」への先回り投資をとことん極める！

「インデックス買い」にもいろいろある

基本は機関投資家の売買への先回り

この章では、「**インデックス買いへの先回り**」の方法について詳しく解説していきます。

第1章でも述べたように、特定の指数（インデックス）に連動するよう設計された投資信託では、その指数の組み入れ銘柄に変化があったとき、これらの投資信託の運用担当者（ファンドマネージャー）がその変化に応じて、機械的に特定の株を購入します。「**インデックス買い**」とは、そうした動きやそれによって株式市場で生じる買い圧力を示した言葉です。

「インデックス買いへの先回り投資」では、こうした大口の投資家の動きに先回りすることを目指します。

ファンドマネージャーは、たとえ先回りされることを知っていても、それぞれの投資信託で事前に決められたルールどおりに売買しなければなりません。そのため、それらのルールを事前に把握してタイミングよく売買できれば、高い確率で利益を得られるのです。

詳細まで知っている人は少ないから、熟知すればアドバンテージになる

こうしたインデックス買いの存在や、その基本的な仕組みは、投資雑誌や投資系のブログなどでもよく触れられるので、個人投資家のあいだでは比較的知られています。

しかし、**それぞれのインデックスごとに、具体的にいつ買って、いつ売ればよいのかまで把握している人は、実はそれほどいません。**

また、ＴＯＰＩＸのインデックス買いについては多少知っていたとしても、ほかにも狙える指数があることまでは知らない人がほとんどのはずです。

周期性があり、勝率も高いために、これらの投資手法は私も日常的に実践しています。

ここではそれぞれのインデックスごとに、すぐに実践できるレベルまで噛み砕いて先回りの方法を解説していきます。しっかり身につけて、組み合わせて実践することで、着実な利益獲得を目指してください。

まずは、チャンスがもっとも多い「TOPIX買い」をマスターする

インデックス買いへの先回りを狙っていくなら、何はともあれ、まずは「**TOPIX買い**」の手法をマスターしましょう。

この手法はほぼ毎月イベントが発生するので、狙っていける収益機会も多く、第2章で紹介した「株主優待先回り買い」と組み合わせることで、日々のイベント投資の基盤にできます。

毎月、投資のチャンスが生まれる

そもそもTOPIXとは、「Tokyo Stock Price Index」の略で、日本語では「**東証株価指数**」と呼ばれる株価指数のことです。

東証一部に上場している銘柄の合計時価総額を評価するためにつくられた指数で、「日経平均株価指数」と並んで、日本の経済状況を表す代表的な株価指数として知られています。

図表21　東京証券取引所にある4つの主な市場と上場銘柄数

東証一部	東証二部	マザーズ	JASDAQ
2,166 銘柄	484 銘柄	326 銘柄	704 銘柄

※本文執筆時点
※機関投資家だけが参加できるTokyo Pro Marketは含めていない

なお、日経平均株価指数との最大の違いは、日経平均株価指数が東証一部上場企業のなかから選ばれた一部の銘柄（225銘柄）だけで構成されているのに対し、TOPIXは東証一部に上場している銘柄すべてで構成されている点です。

東証一部への上場全銘柄について、時価総額の合計を終値で評価し、基準日である1968年1月4日の時価総額を100として指数化し、現在値を表しています（現在は浮動株基準）。

算出・公表しているのは東京証券取引所で、新規上場や上場廃止、増資や減資、企業分割などがあったときには、適宜修正が加えられます（これを**「リバランス」**と呼びます）。

ところで現在、東京証券取引所には、大きく分けて上図に示した4種類の市場があります（2020年3月31日時点）。

このうち「東証一部」はもっとも権威のある市場で、一部に上場している企業は相応の社会的信用を手にできます。もちろんその分、社会的な責任も伴いますが、採用や金融機関からの融資の面で大いに有利になりますから、多くの企業が一部上場を目指します。

「東証二部」はある意味では、そうした一部上場への準備段階的な位置づけの市場です。

さらに、「マザーズ」は成長いちじるしい新興企業向けの市場で、「ジャスダック」は多様な企業向けの市場、という位置づけになっています。

※この東京証券取引所の市場4分類に関しては、今後数年をかけて、大きく3つの市場へと再編が行われることになっています（予定では2022年4月に再編が実施されます）。この市場の再編は、これから紹介する「TOPIX買い」にも大いに関係してくる話ですが、基本的な考え方を理解してもらうため、まずは現行の市場構成にもとづいてノウハウを解説し、本章の最後に、新しい市場分類についての解説を追加する形とします。

他市場からの昇格が多い

さて、TOPIXが示している東証一部全銘柄の時価総額は、東証一部に上場している銘柄の数が変われば計算の際の基準が変わるため、「リバランス」が行われます。

そして、東証一部上場の銘柄数が変わるシチュエーションとは、大きく分ければ次の3つの状況に絞られます。

①東証二部やマザーズ、ジャスダック、あるいは地方市場などの別の市場から、東証一部へと昇格した企業があった場合

②IPOで東証一部に直接上場した企業があった場合

③M&Aや粉飾決算などによって、上場廃止や東証二部への降格をした企業があった場合

このうち**比較的数が多いのは、①の昇格のケース**です。

次ページの表に、2019年中の東証一部への昇格と、直接新規上場の銘柄数、および上場廃止や降格した銘柄の数をまとめていますが、圧倒的に昇格のケースが多いのがわかるでしょう。2019年に限れば、毎月最低でも1件は昇格が発生していましたし、多い月には10件を超える昇格が行われています。ほかの年についても、同様の傾向があります。

よって、まずはこのイベントへの先回りを狙っていくのが得策でしょう。

図表22　2019年の東証一部市場への市場変更／新規登録／廃止など

2019年	他市場からの昇格	直接上場	上場廃止	他市場への降格
1月	1	-	2	-
2月	4	-	1	-
3月	13	1	6	-
4月	3	-	2	-
5月	1	-	-	-
6月	7	-	-	-
7月	2	-	1	-
8月	5	-	3	1
9月	2	-	2	-
10月	5	-	-	-
11月	4	-	1	1
12月	5	-	1	-

※日本取引所グループHP「市場変更銘柄一覧」などから筆者作図
※もともとの会社の上場廃止の直後に、持株会社による新規直接上場がなされる
いわゆる「テクニカル上場」は、ここでは数に含めていない

イベントの発生日から逆算する

さて、そのように他市場から東証一部に昇格した銘柄は、ＴＯＰＩＸの構成銘柄に組み込まれることになりますが、東証一部へ上場してすぐに組み込まれるわけではありません。

ここをしっかり理解していない人が多いのですが、**東証一部に昇格した銘柄がＴＯＰＩＸに組み込まれるのは、原則として昇格した月の翌月末です。**

そのため、各インデックスファンドの運用担当者も、原則として

図表23　東証一部に昇格した直後の銘柄によく見られる値動きのイメージ

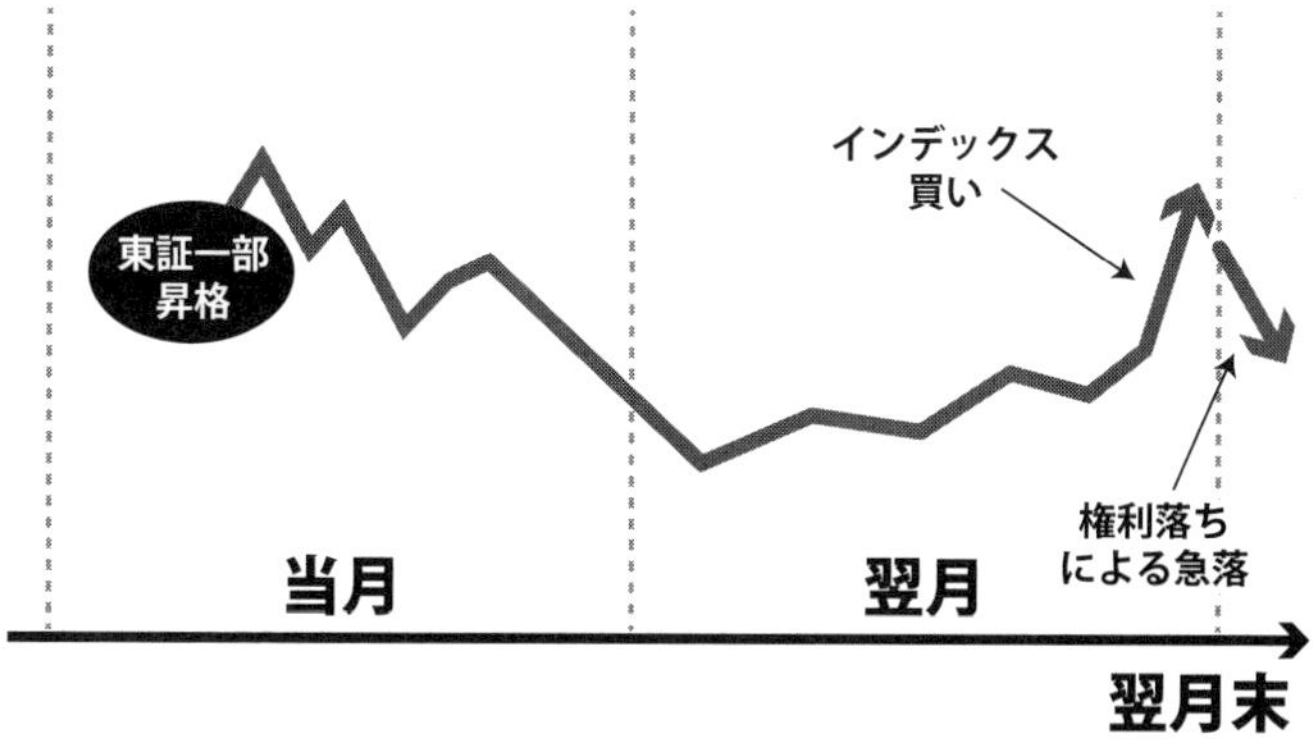

昇格月の翌月末までにこれらの銘柄を買い付けます。

ちなみに、その際の値動きや出来高などを詳しく観察すると、月末の営業日当日に買うインデックスファンドと、数日前から仕込み始めるインデックスファンドの両方があるようです。あるいは同じインデックスファンドでも、購入する株数が多いので、数日に分けて購入しているのかもしれません。

その後、東証一部への昇格の翌月末を過ぎると、翌営業日（つまり、昇格の翌々月の第一営業日）には、こうしたインデックス買いの圧力が消滅します。そのため、一転して当該銘柄の株価は値下がりすることになります。

これが、〝TOPIXのリバランスに伴うインデックス買い〟の実像です（上図参照）。

イベント前後のこうした値動きの傾向をしっかり把握できれば、とるべき方策も明らかになってきます。

つまり、**東証一部への昇格があったら、その翌月末から数えて10日〜1週間ほど前までに、その昇格した銘柄の株を先回りして買っておきます**。前日とか2〜3日前だともう値上がりし切っていることが多いので、それよりも少し前に購入するのがポイントです。

そして、**月末の1〜2営業日前には売却**します。

月末の最終営業日にまで引っ張ると、取引時間の途中でインデックス買いが終了してしまい、引けにかけて株価が下がってくることがよくあります。そのため、遅くとも前営業日のうちには売り抜けることを意識してください。

このように、この手法では買うタイミングと売るタイミング、そしてどの銘柄を買うのかも、1〜2ヶ月以上前から明確になっています。誰でも実践できる投資手法なのですが、非常に高い確率で毎回利益を狙えるでしょう。

もちろん運悪く全体相場の急落などにタイミングが合ってしまったときには、負けることもあります。しかし、**毎月同じ手法での投資を繰り返し、さらに昇格する銘柄を複数組み合わせて投資していくことで、全体としては安定的なリターンを手にできるはず**です。

図表24 エスプール（2471）日足・ローソク足チャート
［2019年7月中旬〜9月上旬］

実例① エスプール（2471）

実際に私が投資した事例を紹介しましょう。人材派遣やビジネスアウトソーシング事業などを手がける**エスプール（2471）**です。

同社は、2019年7月26日に東証二部から東証一部へと昇格しました。

上の日足チャートは、同社の東証一部昇格が実施されてから、実際にTOPIXに組み入れられるまでの値動きを示しています。

昇格時点の2600円前後から株価が徐々に値上がりしていき、TOPIXに採用される8月最終週の高値3015円にまで、順調に値上がりしていく様子がよくわかります。

私は同社株について、ＴＯＰＩＸ組み入れの13営業日前となる8月13日に、２６８２円で５００株購入しました。投資金額は１３４万１０００円でした。

その後、月末の最終営業日の1日前となる8月29日に２９８０円で全株売却し、半月ほどの保有で14万９０００円の利益を手にすることに成功しています。

まさに、狙いがドンピシャではまった事例と言えるでしょう。

実例② イーソル（４４２０）

もうひとつ、同様の事例を紹介しておきます。

コンピュータ関連機器やソフトウェア開発を手がける**イーソル（４４２０）**という会社です。

同社は２０１９年10月15日に、新興企業向け市場のマザーズから東証一部へと一気に昇格しました。ちなみに、東証一部への昇格準備市場と位置づけられる東証二部を経ない、こうした〝新興企業によるいきなりの東証一部昇格〟は、決して珍しいものではありません。

さて、左の日足チャートは、同社が東証一部に昇格してから、ＴＯＰＩＸに採用されるまでの値動きを示しています。東証一部へ昇格してから、ＴＯＰＩＸ組み入れに向かって株価が徐々に値上がりしていき、昇格の翌月末となる営業日の1日前に当面の高値をつけています。

図表25 イーソル（4420）日足・ローソク足チャート
［2019年10月中旬〜2019年12月上旬］

私は、同社株について次のように売買しました。

昇格翌月末からは約3週間前となる11月6日に、1433円で1000株を購入。投資額は143万3000円でした。

そして本来は、TOPIX組み入れに伴うインデックス買いが発生するはずの翌月末の1営業日前くらいまで、そのまま持っているつもりでした。

しかし、数日のうちに株価が大きく値上がりしたため、十分な値幅をとれたと判断して、月末から数えて9営業日前となる11月18日に、1600円ちょうどですべて売却しました。

保有期間2週間弱で、16万7000円の利益を手にできた計算となります。

ただ、同社株はその後も11月の月末に向けて

３００円以上値上がりしたので、結果としては少し早まった取引になりました。

これらの事例によって、東証一部に昇格した銘柄のＴＯＰＩＸ組み入れというイベントに、具体的にどのように先回りすればよいのか、基本パターンをしっかりとイメージできたことと思います。

東証一部への直接上場株をゆったり割安に買って勝つ！

チャンスは少ないものの勝率は非常に高い

「TOPIX買い」の基本パターンをアレンジした手法として、特に**東証一部に直接上場した銘柄を狙う手法**についても伝えておきましょう。

102ページの表でも示したように、東証一部に上場してくる企業のほとんどは、東証二部やマザーズなど別の市場から昇格してきます。しかし、通常は年に数回ですが、東証一部へと直接上場してくる企業もたまにあります。

直近の東証一部への直接上場銘柄数の推移を見ておくと、2019年は1件で特に少なかったのですが、2018年は7件、2017年は11件、2016年は8件と、毎年おおよそ数ヶ月ごとに、東証一部への直接上場企業が登場している状況です（次ページ表参照）。

図表26 **東証一部への新規直接上場件数の推移**
［2016年～2020年3月まで］

2016年	8
2017年	11
2018年	7
2019年	1
2020年（3月まで）	2

※日本取引所グループHP「市場変更銘柄一覧」などから筆者作図
※もともとの会社の上場廃止の直後に、持株会社による新規直接上場がなされる
いわゆる「テクニカル上場」は、ここでは数に含めていない

本書執筆中の2020年についても、3月末までの期間だけで、すでに**フォーラムエンジニアリング（7088）**と**カーブスホールディングス（7085）**の2社が直接上場を果たしています。

こうした東証一部への直接上場銘柄も、当然ながらTOPIXへの組み入れ対象になります。**組み入れのスケジュールは昇格の場合と同じで、原則として東証一部に上場した翌月末**です。

このとき、東証二部やマザーズなど他市場から昇格してきた銘柄に比べ、**東証一部への直接上場銘柄では、前項で説明したような上場翌月末に向けての値上がりが、より素直に発生しやすい**という特性があります。

昇格によって東証一部へと登ってきた銘柄では、その段階に至るまでに最低でも1年以上、ときには何十年も市場

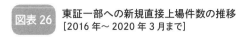

で株式が公開されて売買されています。そのあいだに、それぞれの銘柄に関する情報が市場参加者のあいだに広く出回っています。

東証二部やマザーズに在籍しているうちに、事前に東証一部への昇格期待を材料に大きく買い上げられている場合もあり、さまざまな思惑が働くため、ときにTOPIXへの組み入れ買いの動きを凌ぐ値動きが生じるのです（複数銘柄でポートフォリオを組むことは、そうしたイレギュラーな値動きに対応するためにも重要になります）。

一方、東証一部へと直接上場した企業では、決算の情報をはじめ市場に公開されている情報がまだ少ないため、さまざまな思惑や、各企業の個別事情にもとづく〝ノイズ〟が少なく、そのために、TOPIXへの組み入れに向けた値動きが素直に発生しやすいのです。

こうした事情を考慮すると、「TOPIX買い」の投資対象として、東証一部への直接上場銘柄は格好の存在になるでしょう。

実例 フォーラムエンジニアリング（7088）

実際に、2020年3月に東証一部へ新規上場した**フォーラムエンジニアリング（7088）**

図表27 フォーラムエンジニアリング（7088）日足・ローソク足チャート
［2020年3月中旬〜2020年5月上旬］

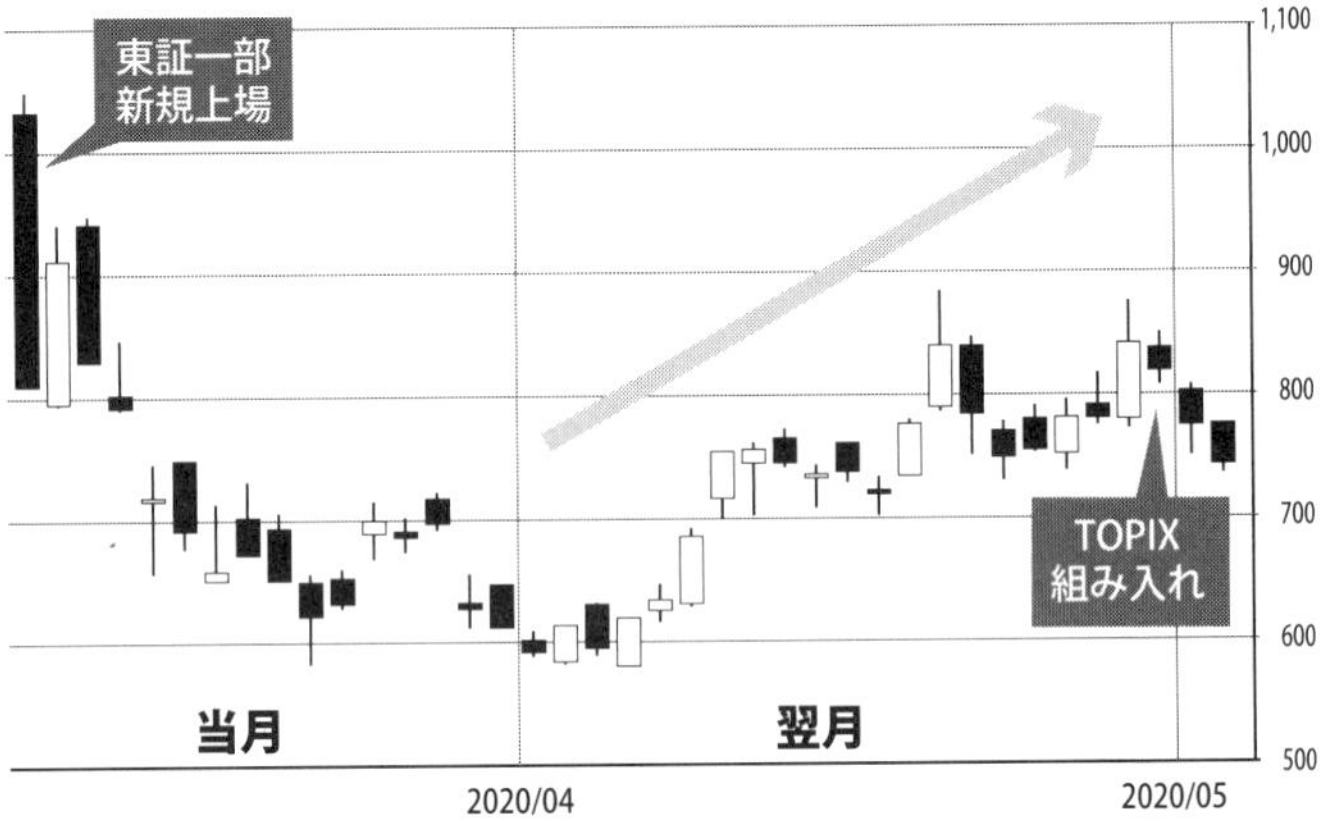

について、上場後の値動きを確認しておきましょう。

同社が東証一部に直接上場したのは、2020年の3月9日でした。翌月末にTOPIXに組み入れられますから、そのイベントに向けて、4月に入ってから顕著に値上がりしていくのを上の日足チャートでもしっかり確認できると思います。

こうした値動きを狙っていくのです。

「スピンオフ上場」と「テクニカル上場」

少しばかり余談になりますが、同じく2020年に東証一部に直接上場した**カーブスホールディングス（7085）**は、「**スピンオフ上場**」という新しい形での上場を行いましたので、この点にも触れておきましょう。

同社は、すでに東証一部に上場している**コシダカホールディングス（２１５７）**が、女性向けフィットネスジムの事業を分離して、子会社として独立させた会社です。分離・独立とほぼ同時に上場も行うことで、従来の親子上場に比べて、既存株主に対する影響が軽減されるメリットがあるとのことです。アメリカなどでは一般的な方法らしいので、日本でも今後は増えていくのかもしれません（日本で行われたのは、カーブスホールディングスが初事例でした）。

このスピンオフ上場では、親会社の既存株主に分離先の新規上場企業の株が与えられるなど、通常の新規上場とは異なる面がありました。そのため、ＴＯＰＩＸへの組み入れについては、上場当日にすぐに行われるという例外的な対応がなされています。

実は、同様の対応は、**「テクニカル上場」**と呼ばれる新規上場でも従来、行われてきました。すでに東証一部に上場している会社が持株会社化をするときに、それまでの上場会社が上場廃止になり、直後にその会社の持株会社が新規上場する形を、一般にこのように呼んでいます（毎年、数件あります）。

この場合にも、上場当日に新規上場会社のＴＯＰＩＸへの組み入れが行われています（同時に、上場廃止会社のＴＯＰＩＸからの除外も行われます）。

つまり、東証一部への直接上場銘柄でも、こうした**スピンオフ上場やテクニカル上場の場合には、ここまでに説明してきた「ＴＯＰＩＸ買い」の手法は適用できません。**細かい理屈まで理解する必要はないのですが、この点については覚えておいてください。

割安価格の公募株の取得と組み合わせられる

本題に戻ります。東証一部への直接上場銘柄には、さらに別の特徴もあります。

それは、**いずれもかなりの大企業で、ＩＰＯにあたって大規模な新株の公募を行うことが多い**という点です。

東証一部に直接上場するには、上場時の見込みで時価総額２５０億円以上、株主数２２００人以上、流通株式数２万単位以上などの上場基準を満たす必要があります（本書執筆時点）。

これらは、それなりの規模の企業でなければクリアできない基準です。そのため、東証一部に直接上場する企業は、必然的に大企業だけになります。

そしてまた、上場時の見込みで株主数2200人以上という高いハードルがあるため、この基準をクリアするために、新規上場にあたって公募株の売り出し、つまり新しい株主の募集が大規模に行われるケースが多くなります。

さまざまな証券会社に公募株が広く割り当てられ、またそもそもの公募株の売り出し数も多くなることから、こうした公募株を入手するのは決して難しくありません。

マザーズなど新興市場へＩＰＯする銘柄の公募株では、証券会社の行う抽選に何回参加してもなかなか当たらない、ということが多いのですが、東証一部への直接上場企業の場合には、むしろ証券会社のほうから「今度、一部に上場する○○会社の株式、少しお買い上げいただけませんか？」などと営業電話がかかってくることもよくあります。

公募株の売り出し数の多さなどから、こうした東証一部へ直接上場するＩＰＯ株は、上場直後には短期的に値下がりするケースも多く、それを知っている個人投資家のあいだでは必ずしも人気が高くないのです。そのため、入手はかなり容易です。

そして、**公募株というのは、基本的には類似他社の株価と比較して、少し割安に値段がつけられるもの**です。そのため目当ての銘柄の株を比較的割安、かつ確実に入手できることになります。

もしも公募で入手できなかったとしても、先ほど述べたように東証一部への直接上場銘柄では**上場直後に多少値下がりするケースが多いため、そうした場面で普通に市場を通じて購入する、という手段もとれる**でしょう。

いずれにせよ比較的割安に、かつ時間的な余裕をもって購入できますから、そのまま上場翌月末近くまでのんびり保有し、高確率で発生するＴＯＰＩＸへの組み入れ買いの流れに乗る、という投資手法をとることが可能です。

他市場からの昇格銘柄のように、過去からの情報を精査する必要もないため、投資先の選択に悩むこともありません。特に投資初心者の方にオススメできる手法です。

実例 日本国土開発（１８８７）

私がこの手法を実践したときの事例を紹介しましょう。投資対象は、総合建設会社の**日本国土開発（１８８７）**でした。

同社は２０１９年の3月5日に、東証一部へ直接、新規上場しました。

図表28 日本国土開発（1887）日足・ローソク足チャート［2019年3月上旬〜2019年5月上旬］

ＩＰＯにあたっての事前の公募価格は510円。それに対して、市場でついた初値は624円でした。

初値がついたあと、しばらく株価は低迷し、初値を下回る水準を推移しました。しかし、上場当月の3月下旬からジワジワと値上がりしていき、ＴＯＰＩＸ採用日となる翌月4月末から数えて7営業日前となる4月17日には、889円の高値をつけています。

私はこの株については、証券会社を通じて上場前に公募株を7300株入手できていました（投資金額372万円）。つまり、公募価格の510円で買い付けした、ということです。

初値が624円ですから、すでにこの時点でかなり割安に入手できていますし、仮に初値で売っても利益が出る水準です。

その後、基本的にはTOPIX組み入れ日の前日まで待つつもりでしたが、イベントに向けて値上がりしていく過程で株価が吹き上げたので、十分な利益を確保できたと判断して、768円で4000株、880円で3300株を売却しました。

保有期間1ヶ月ちょっとで、合計およそ225万円の利益をあげることに成功しています。

この事例では首尾よく公募株を入手できましたが、たとえ公募株を入手できていなくても、上場後しばらくは初値以下の水準で推移していました。そのタイミングで購入していれば、同様にそれなりの値幅をとれていたはずです。

「日経平均の銘柄入れ替え」に先回りする

株価指数に注目したイベント投資の手法として、まずは「TOPIX買い」を紹介しました。

この手法は、TOPIXとは別の株価指数にも適用できますから、もうひとつの超メジャーな株価指数、「日経平均株価指数」への具体的な適用方法を続けて紹介しましょう。

毎年、数銘柄が入れ替えられる

いまさら言うまでもないかもしれませんが、「**日経平均株価指数**」、略して「**日経平均**」は、日本を代表する株価指数のひとつです。

集計・公表しているのは日本経済新聞社で、同社が東証一部に上場している企業から選んだ合計225銘柄の株価に、一定の計算を加えて算出されています。海外でも「**NIKKEI225**」という名称でよく知られている指数です。

ＴＯＰＩＸとの最大の違いは、指数の計算対象となる銘柄数が限られていること。そのため、**ファーストリテイリング（９９８３）**や**ソフトバンクグループ（９９８４）**といった一部の値がさ株の値動きに、指数が大きく左右されがちであるという側面もあります。

さて、この日経平均株価指数は、構成銘柄数が２２５と決まっています。そのため、**選ばれている銘柄に上場廃止や合併などが起きた場合には、新たな銘柄を補充しなければなりません。**

たとえば**東芝（６５０２）**は、長らく日経平均株価指数の構成銘柄だったのですが、粉飾決算の発覚により２０１７年８月１日に東証一部から東証二部へと降格されました。そのため、当然ながら日経平均株価指数の構成銘柄からも除外されて、代わりに**セイコーエプソン（６７２４）**が採用されています。

また上場廃止や降格、合併などがなくても、日経平均株価指数の構成銘柄のなかにいちじるしく流動性を欠く状態になっている銘柄や、業界の偏りなどがあれば、定期的にチェックしてこれらを除外し、同数の別の銘柄を補充することで調整する「**定期見直し**」もあります。

日経平均株価指数への採用のときには、非常に繁栄した〝時代の花形〟的な企業だったけれども、その後の社会情勢や環境の変化で斜陽産業に属してしまったり、業績が悪化して規模が

図表29 2010年〜2018年の日経平均株価指数への採用銘柄と除外銘柄の一覧

2010年	採用	東海旅客鉄道、日新製鋼、JXホールディングス、NKSJホールディングス、日本電気硝子、東京建物
	除外	日本航空、新日本石油、新日航ホールディングス、損害保険ジャパン、三菱レイヨン、クラリオン
2011年	採用	安川電機、大日本スクリーン製造、第一生命保険、ソニーファイナンシャルホールディングス、あおぞら銀行、アマダ
	除外	三洋電機、パナソニック電工、住友信託銀行、みずほ信託銀行、みずほ証券、CSK
2012年	採用	トクヤマ、日新製鋼ホールディングス、日本軽金属ホールディングス
	除外	住友金属工業、日新製鋼、日本軽金属
2013年	採用	日本電工、東急不動産ホールディングス
	除外	東急不動産、三菱製紙
2014年	採用	マルハチニチロ
	除外	マルハチニチロホールディングス
2015年	採用	ディー・エヌ・エー、長谷工コーポレーション
	除外	平和不動産、日東紡績
2016年	採用	コンコルディア・フィナンシャルグループ、ヤマハ発動機、ファミリーマート、楽天
	除外	シャープ、ユニーグループ・ホールディングス、横浜銀行、日本曹達
2017年	採用	大塚ホールディングス、セイコーエプソン
	除外	ミツミ電機、東芝
2018年	採用	サイバーエージェント
	除外	古河機械金属

※筆者作図

小さくなってしまう企業は、一定の割合で発生します。定期的な見直しでそうした企業を除外し、指数の構成銘柄の新陳代謝を図っているわけです（前ページ表参照）。

日経平均株価指数に関するこうした構成銘柄の入れ替えは、株式市場では非常に多くの投資家に注目されているイベントです。日本の株式市場の代表的な指数であるため、その前後にはさまざまな思惑が交錯し、大きな資金が動きます。

そして、日経平均株価指数への連動を謳《うた》っている「日経平均連動型インデックスファンド」の運用担当者（ファンドマネージャー）にとっては、構成銘柄の入れ替えに合わせて、自分たちの投資信託でも該当する銘柄を売買しなければならないイベントなわけです。そうしないと、それらの投資信託の価格が日経平均の価格に連動しなくなってしまいます。

結果として、**銘柄入れ替えのタイミングには、新たに採用される銘柄に〝どうしても買わなければならない〟機関投資家による大量の買い注文が入り、規模の大きな「インデックス買い」が発生します。**このときの買い圧力は、相場の全体状況に関係なく発生します。

また、当然ながら**除外される銘柄については、〝どうしても売らなければならない〟ことになるので、逆に「インデックス売り」が発生します。**

毎年の秋の一大イベント

このインデックス買いやインデックス売りは、事前に発生のタイミングがわかっていますし、それに伴う値動きにも一定の方向性があるため、イベント投資の対象にできます。

まずは具体的なスケジュール感や、売買のタイミングを確認していきましょう。

最初の動きは、6～7月ごろに生じます。大手の証券会社や経済・投資系のメディアで、今年の日経平均株価指数への採用銘柄と除外銘柄について、予想レポートや記事が多数出てくるのです。

次に、**毎年9月5日前後に、日本経済新聞社からその年の銘柄入れ替えについて公式発表がなされます。**

そして最終的には、**毎年、原則として10月の第一営業日に実際の入れ替えが実施されます。**

2019年の例で確認すると、6月26日に大手証券会社のひとつ日興SMBC証券が、日経平均株価指数のその年の銘柄入れ替えについて最初の予想レポートを出したようです。その内容はすぐに経済・投資系のメディアで相次いで報道され、続いてその他の大手証券会社も同様のレポートを出していました。

このとき、各社が新規採用銘柄として予想していたのは、**カカクコム（2371）**や**任天堂（7974）**、**ZOZO（3092）**などで、これらの会社の株は直後から値上がりしました。逆に除外候補としては、**日本化薬（4272）**と**東京ドーム（9681）**の名前が挙がり、これら2企業の株価は値下がり基調に入りました。

その後、9月4日に日本経済新聞社からの正式発表があり、2019年の定期入れ替えでは**東京ドーム（9681）**を除外し、**エムスリー（2413）**を新たに採用することが公表されました。

このように、事前の予想は外すことも結構あります。ただ、まずはこのスケジュール感を押さえておきましょう。そのうえで、このイベントに関するインデックス買いがどのように発生するのかを把握します。

それぞれの「日経平均連動型インデックスファンド」では、先ほど示した公的なスケジュールに極力合わせて売買することで、自らのファンドの値動きを日経平均株価指数の値動きに近づけようとします。

つまり、**9月の最終営業日に新しく採用される銘柄を買い、除外される銘柄は売ります。**そうすれば、翌営業日となる10月第一営業日から、連動先の日経平均株価指数と同じ割合のポートフォリオとなるからです。

インデックス買い（と売り）が発生するのは9月の最終営業日、ということです。

ただしインデックス買いが終われば、その翌営業日にはもう大きな買い圧力はありませんから、**10月の第一営業日には該当銘柄の株価は急落する**ことになります（逆も同様です）。

※銘柄入れ替えの実施日は、原則として10月の第一営業日ですが、まれに数日前後することがあります。入れ替えの実施日がずれれば、当然ながらインデックス買いの発生する日もずれますから、9月5日前後の公式発表は必ずその全文を確認するようにしてください。このときのリリースに、銘柄入れ替えの実施日が明示されています（↓130ページ図も参照）。

基本パターンを踏まえておく

私たち個人投資家は、この値動きとスケジュール感のなかで、どのタイミングで投資していけばいいのでしょうか？

いくつかパターンが考えられますが、基本となるのは**インデックス買いに向かってジリジリと上がっていく株価に先回りし、値幅をとっていくパターン**でしょう。

このとき特に注目すべきなのは、9月5日前後に発表される日本経済新聞社からの公式発表です。

公式発表があると、9月末のインデックス買いへの期待感から、新規採用銘柄は直後に大きく値上がりするのが一般的です。

ただ、実際にインデックス買いが生じるのは3週間ほど先ですから、たいていはその後少しダレて、いったん値下がりする傾向があります。そのタイミングを狙い、**株価の動きを見ながら、実際にインデックス買いが入る日の大体1週間くらい前に買いを入れるのがベスト**です。

そして、**インデックス買いの当日（つまり、9月の最終営業日）に売却して、そこまでの値幅をとります。**

左に示した表は、少々古い事例なのですが、このパターンがピタリとハマった2013年の**日東電工（6988）**の新規採用時の値動きを示したものです。参考にしてください。

図表30 日東電工（6988）の日経平均からの除外に伴う値動き
［2013年9月6日～2013年9月26日］

日付	始値	終値	出来高	備考
2013/9/6	5,740	5,690	1,038,400	日経平均株価指数への組み入れ発表
2013/9/9	**6,320**	**6,240**	**5,289,400**	**翌日にインデックス買いを期待した買いが入る**
2013/9/10	6,210	6,320	3,298,800	
2013/9/11	6,330	6,250	2,286,700	
2013/9/12	6,150	6,080	3,569,900	
2013/9/13	5,980	5,940	5,011,100	
2013/9/17	5,960	6,010	2,546,900	
2013/9/18	6,080	6,180	2,657,200	
2013/9/19	6,250	6,370	2,788,200	
2013/9/20	6,370	6,400	2,478,200	
2013/9/24	6,410	6,540	5,422,500	
2013/9/25	**6,580**	**7,540**	**22,962,600**	**前日にインデックス買いが入り出来高が急増**
2013/9/26	6,790	6,710	1,038,400	日経平均株価指数への組み入れ前日

これが基本パターンで、過去の経験から言うと6～7割くらいの勝率で利益を得られます。

ただし、典型的な値動きにはならないこともそれなりにあるため、個人的には次項以降で紹介する2つの応用パターンのほうを、よりオススメしたいと思っています。

日経平均株価指数の構成銘柄への採用予想が外れた株に注目する

ひとつには、基本のパターンよりも少しだけ早いタイミングで投資する応用パターンが考えられます。

6月から7月にかけて、各証券会社から日経平均株価指数に関する今年の入れ替え銘柄の予想レポートが出てくると、先述したように市場では、それらのレポートで名前が挙がった採用候補銘柄にインデックス買いを期待した買いが入り、値上がりします。

しかし2019年の例でも見たように、名前が挙がった銘柄のうちいくつかは公式発表では予想が外れて、実際には採用されません。すると**それらの銘柄では、インデックス買いへの期待が剥落して、一時的に株価が急落することになる**のが一般的です。

予想が外れても、会社の業績には変化がない

とはいえ、日経平均株価指数への繰り入れが予想されたほどですから、予想が外れたそれら

企業の業績も、決して悪くありません。むしろ好調な業績を維持していることがほとんどです。となれば、日経平均株価指数の構成銘柄にはならなかったものの、それで会社の業績や経営環境に何か変化があるわけではありませんから、一時的な株価の急落は買いのチャンスとなります。

通常、日本経済新聞社からの定期見直しに関する公式発表は、取引時間中の価格変動に影響を与えるのを避けるため、日中の取引時間が終わってから発表されます。

日経平均への採用予想が外れた銘柄の株価は、公式発表のあった日の翌営業日の寄り付きに大きく下がります。**そこをあえて狙って買い、一時的な株価の急落が回復するのを数日〜2週間程度待ってから売ることで、高い確率で一定の値幅をとる**、という投資パターンが描けるのです。

実例 カカクコム（2371）

実際に、2019年に私がどのように投資をしたのか示しましょう。

前述したように**カカクコム**（**2371**）は、2019年9月の日経平均株価指数の入れ替え

図表31 2019年9月4日発表の日本経済新聞社のリリース［一部のみ抜粋］

日経平均株価の銘柄定期入れ替えについて

日本経済新聞社は、日経平均株価の構成銘柄について、以下のとおり定期入れ替えを実施します。

実施日	コード	採用銘柄	コード	除外銘柄
１０月１日	２４１３	エムスリー（125／6）	９６８１	東京ドーム

注）採用銘柄のカッコ内はみなし額面（円）。

定期見直し基準に照らし、市場流動性の観点から東京ドーム（セクター＝消費）を除外します。またセクター間の銘柄過不足調整により、エムスリー（同・消費）を新規採用します。銘柄は１０月１日の算出から入れ替えます。

における採用候補銘柄として、証券会社各社のレポートに取り上げられていました。

同社の株価は、レポートや記事で名前が挙がってきた7月には2200円台でしたが、その後は採用期待からジリジリと値を上げ、9月の頭には2600円台まで値上がりしていました。

ところが9月4日に日本経済新聞社が公式発表をしたときには、そこにカカクコムの名はなく、代わりに**エムスリー（2413）**が採用されていたのです（上図参照）。

この発表を受けて、翌日にはカカクコムの株価が急落します（左チャート参照）。

同社は日経平均株価指数の構成銘柄に採用

図表32 カカクコム（2371）日足・ローソク足チャート
[2019年8月下旬〜2019年10月上旬]

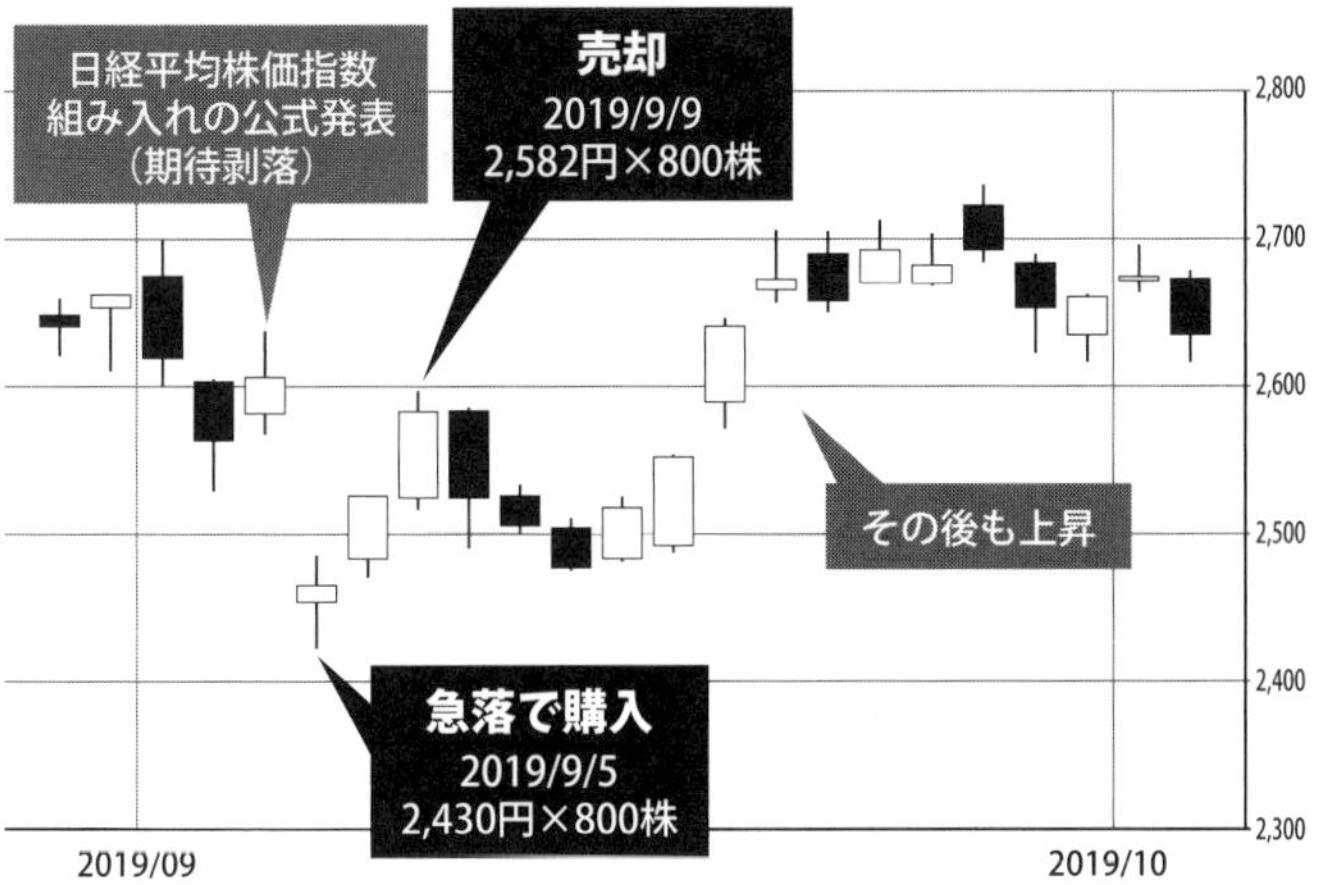

されると期待されていたので、その期待が剥落して、売り優勢の展開になったのです。なんと、寄り付きで5・7％もの急落をしています。

私は、同社の業績が好調なことはすでに確認していました。

そのため、このタイミングでの株価の急落は、日経平均に採用されなかったことが影響しただけだと考え、寄り付き直後に2430円で800株を買い付けました。投資額は194万4000円です。

その後は、3営業日目に早くも株価が戻してきたのを確認して、2582円で全株を売却しています。

わずか数日の保有で、12万1600円の利益を得た計算になります。

日経平均に採用される銘柄を当てることは難しいのですが、採用期待が剥がれて急落する銘柄を狙うのは難しくありません。しかも、あくまで経験則ですが、実は前項で紹介した基本パターンよりも、こちらの応用パターンのほうが再現性が高く、勝てる確率が高いのです。

私は日経平均株価指数の構成銘柄の定期見直しにあたっては、毎年必ず、各証券会社の予想する採用候補銘柄を確認して、この応用パターンでの投資を実践しています。

まさに秋の恒例行事です。

みなさんも、ぜひ試してみてください。

日経平均構成銘柄から除外された株のリバウンドを狙う

売り買いが反転した形で、同じような値動きが起こる

日経平均の構成銘柄に採用される会社があれば、除外になる会社もあります。日経平均の構成銘柄から除外された株は、機関投資家がポートフォリオから外さないといけませんから、銘柄入れ替えのタイミングに合わせて大規模に売却されます。前述した「インデックス売り」です。

このとき、たいていは事前の予想レポートや記事の段階からジリジリと値を下げていて、9月の最終営業日に株価がさらにドカンと下がります。

しかし**それさえ過ぎれば、10月に入るとイベント通過で、むしろ株価が上げることが多い**のです。これは日経平均株価指数の構成銘柄へと採用される株に発生する値動きと、完全に売り買いが反転した動きです。

このとき、「インデックス売り」がいつ発生するかは事前にわかっています。また、イベントに向かって株価が下がり、イベントが通過したら今度は上がると予想できていますから、イベント投資の対象にできます。

ここでも、値動きに先回りすることで利益を狙えるでしょう。

売りから入る手法は初心者にはオススメしません

このとき、もしみなさんが信用取引をできるだけの投資歴を有していれば、基本パターンの売り買いを単純に反転させ、公式発表で日経平均株価指数の構成銘柄から除外されることが決定した銘柄に、実際の除外の10日～1週間ほど前から売りで入り、9月の最終営業日までに買い戻す、という応用投資パターンが考えられるでしょう。

ただこれは、信用取引ができることが条件になるので、初心者向けというよりは中級者以上の方向けのパターンとなります。

ここでは、そのような方法も考えられると、心に留めておくだけで結構です。

除外されたときも、会社の業績には変化はない

初心者でも手がけられる買いから入る方法としては、**公式発表で除外が発表された直後に、除外銘柄が大きく値下がりしているのを確認してから購入し、数日〜1週間程度待って、リバウンドで株価が戻ってきたところで売って値幅をとる**、という手法がオススメできるでしょう。

たとえ日経平均株価指数の構成銘柄から除外されたとしても、その企業の経営環境が何か大きく変わるわけではありません。また「腐っても鯛《たい》」と言っては少々失礼かもしれませんが、たとえ日経平均株価指数の構成銘柄から除外されても、日本の株式市場では最上位に位置づけられている東証一部上場企業であることには変わりありません。

除外で一時的に売られることはあっても、業績や経営環境などは変わらないのですから、しばらくすると、株価はもとの水準に戻ってくる可能性が高いと予想されるのです。

このリバウンドの値動きは、除外銘柄では非常に高い確率で発生するため、このときの値幅を狙っていく手法が、もうひとつのオススメ応用パターンとして考えられます。

図表33 東京ドーム（9681）日足・ローソク足チャート
［2019年8月下旬～2019年10月上旬］

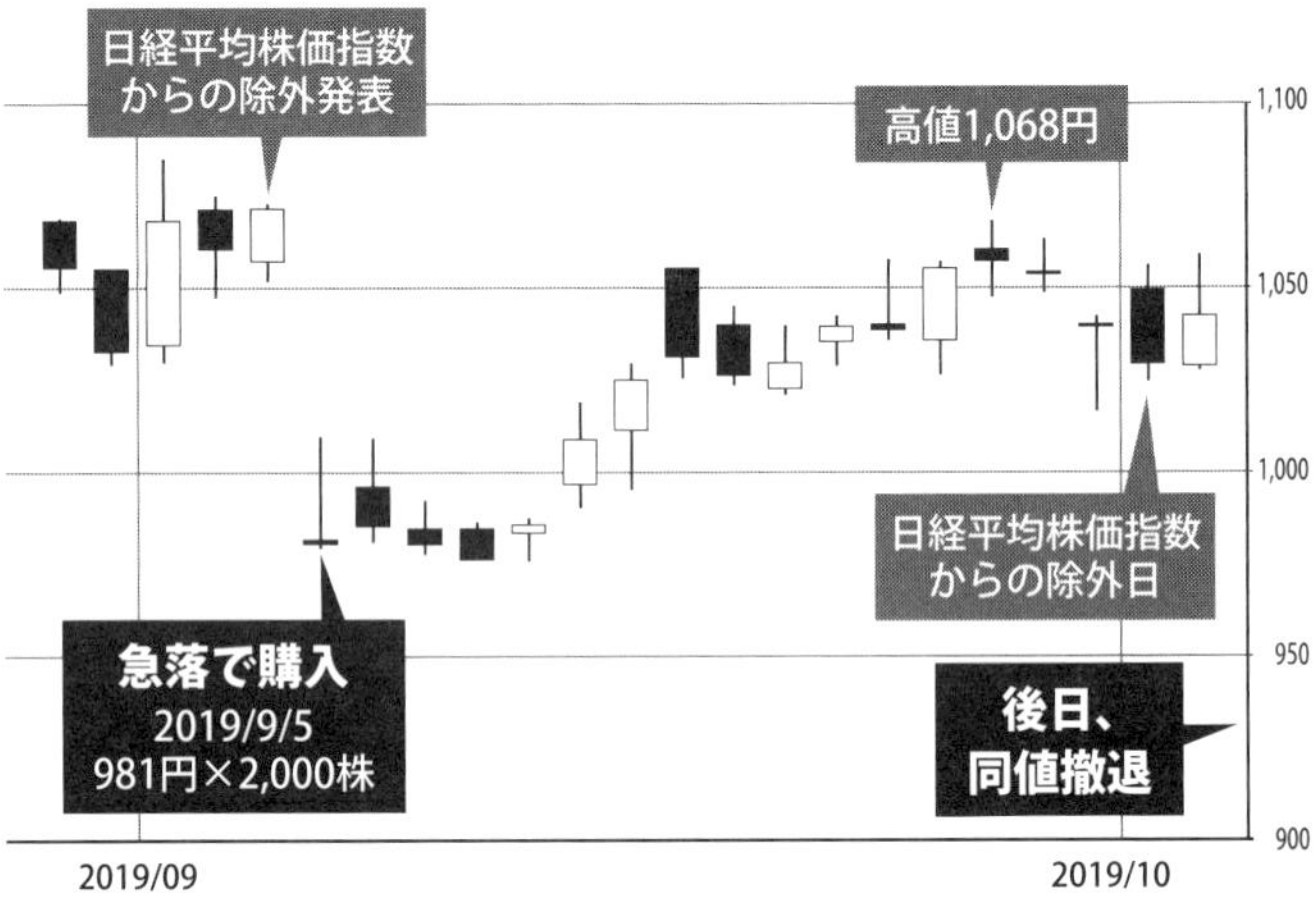

こちらのパターンも併用することで、採用銘柄と除外銘柄の両方に投資できるというメリットもあります。

実例① 東京ドーム（9681）

これも、除外銘柄で私がどのように投資したか、実例を示しましょう。

前述したように2019年には、**東京ドーム（9681）**が日経平均株価指数の構成銘柄から除外されました。

すでに6～7月の予想レポートや記事の段階で、除外の候補銘柄として名前が挙がっていましたが、その段階ではまだ、会社の業績などをひととおりチェックしただけで様子見です。

その後、９月４日の公式発表で、正式に10月1日から除外されることが確定しました。発表の翌営業日は終日売り優勢の展開となり、終値は前日の１０７１円から90円（８・４％）も値下がりしました。

このとき、私は翌日の寄り付きを待って急落を確認してから、９８１円で２０００株購入しています。投資額は１９６万２０００円です。

すると、予想どおりに株価はリバウンドし、９月末ごろには１０６８円まで緩やかに戻していきました。

含み益も出ていたので、そのタイミングで最初の計画どおりに売却すればよかったのですが、このときは「もうちょっと上がるのではないか」と色気を出して、当初の計画を放棄して保有をし続けてしまいました。

そうこうしているうちに、全体相場の地合いが悪くなって株価が下がってきてしまいました。そのため、このときは結局、40日程度の保有で10月17日に同値売却し、撤退しています。

保有中はずっと評価益になっていましたので、このときのトレードで利益を出せなかったのは大失敗です。まったくもって反省しきりでした。

実例② 古河機械金属（5715）

失敗例だけではこの手法の優位性を実感してもらえないかもしれませんから、もう一例、紹介しておきます。非鉄金属製品および産業機械大手の**古河機械金属（5715）**です。

同社は、2018年の銘柄入れ替えで日経平均株価指数の構成銘柄から除外されました。9月6日に公式発表があり、翌営業日は売り優勢の展開で、前日の終値1699円から161円（9・4％）も値下がりしています。

一方で、たとえ日経平均株価指数の構成銘柄から除外されても、同社の経営環境に大きな変化がないだろうことは事前に調べていました。

よって、この急落は除外による一時的な影響にすぎないと考え、寄り付きでの急落を確認したあとに、1525円で1000株を買い付けました。投資金額は152万5000円です。

その後、2週間ほどで株価がジワジワと戻してきたところで、1650円で全株売却しています。

わずか2週間弱の保有で、12万5000円の利益を獲得できた計算です。

図表34 古河機械金属（5715）日足・ローソク足チャート
［2018年8月下旬〜2018年10月上旬］

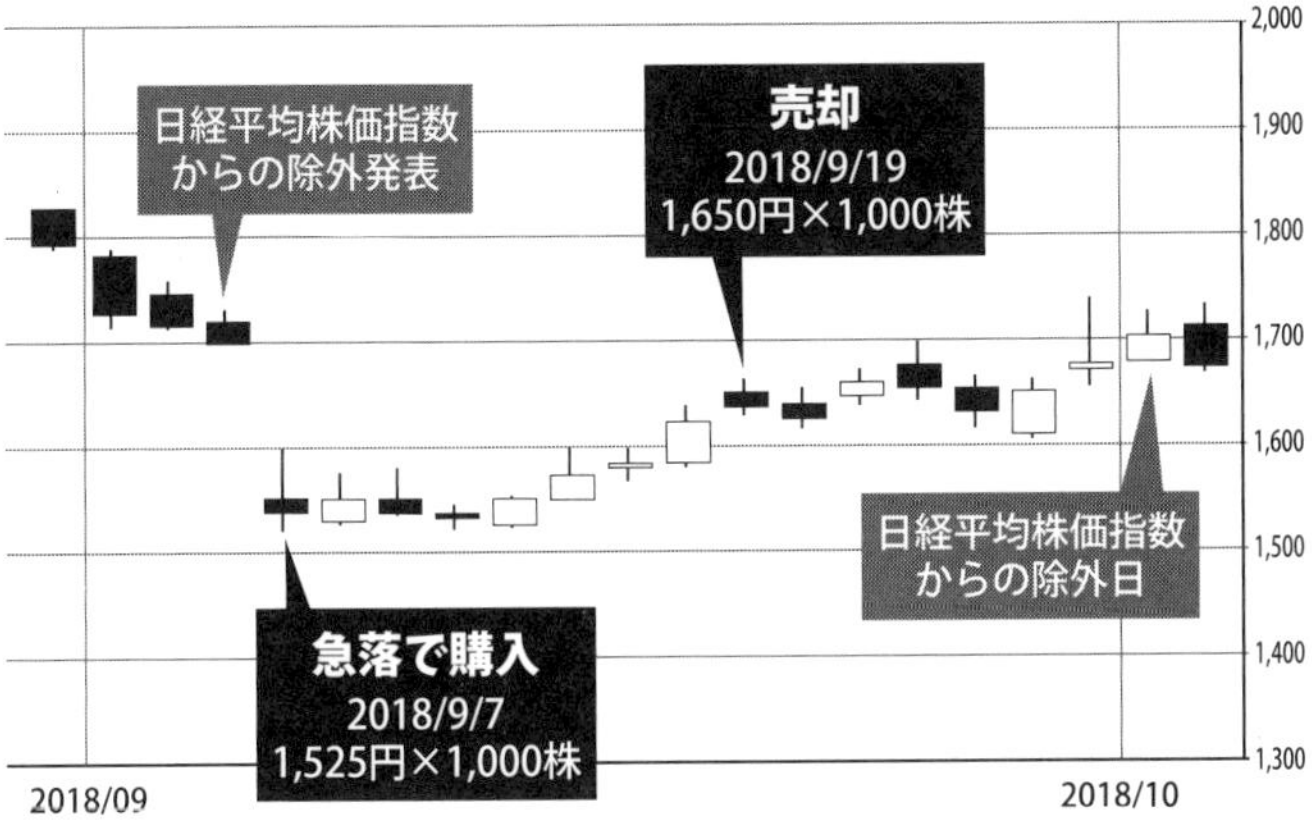

除外銘柄のほとんどは、除外の公式発表の直後にこうしたパターンどおりの値動きをします。

毎年、9月の頭と時期も決まっていますから、みなさんも秋の恒例行事として、取り組んでみてはいかがでしょうか？

定期入れ替えの銘柄を事前に予測する方法は当たらない

各証券会社の予想に〝ちょうちんをつける〟方法もあるが…

このほか、日経平均株価指数の構成銘柄入れ替えに関しては、事前に入れ替えになりそうな銘柄を予想して先回り購入しておき、公式発表後の急激な値動きや、機関投資家による9月最終営業日のインデックス買いに合わせて売却する、という手法も考えられます。

入れ替えの対象となる銘柄については、採用も除外も過去の事例からある程度の条件があることがわかっており、ネット上にはそうした条件に合致する銘柄について、こと細かに解説しているサイトもあります。

そうした情報をもとに、自力で入れ替え銘柄を予想し、先回りする手法です。

あるいは、**6～7月に出てくる証券会社の予想やそれらに関する記事を確認し、その時点で取り沙汰されている銘柄をすべて購入して、網を張っておく**パターンも考えられるでしょう。

外れることが多いのでやめるべき

ただ、123～124ページで示した2019年の予想レポート・記事の例でもわかるように、プロの予想でもあまり当たらないのが現状です。特にこの年については、除外銘柄はともかく採用銘柄を事前に当てた大手の証券会社は、ひとつもなかったと記憶しています。

予想が外れると一時的に大きく値下がりしてしまうリスクがありますし、たとえ予想が当たっても、この方法では先回りで購入してから売却できるまでにかなりの時間が必要です。

そのため、**私は正直、この手法に関してはまったくオススメできない**と考えています。

ときどき、日経平均株価指数の入れ替えに関するイベント投資のノウハウとは、この〝事前予想にもとづく先回り投資〟のことだと考えている方がいるのですが、すでに述べたようにもっと確実な手法があります。本書の読者のみなさんは、ぜひともそちらのほうを実践するようにしてください。

勝率9割の「東証REIT指数買い」もマスターする

ほかにも利用できる指数はある

本章ではここまで、TOPIXと日経平均株価指数という、日本の株式市場における二大指数に関するイベント投資手法を解説してきました。こうしたインデックス（指数）系のイベント投資の手法は、当然ながら**ほかの株価指数についても利用できます。**

TOPIXや日経平均株価指数ほど有名ではありませんが、市場にはさまざまな指数があります。それぞれの指数の特性や、そこに生じるなんらかの変化と株価との関係をよく理解することで、多様な投資戦略を想定できるのです。

利用できる指数はいくつかありますが、ここではTOPIXと日経平均株価指数に加えて、成功率が高いために私も実際よく利用している**「東証REIT指数」**に注目するイベント投資のノウハウを紹介しておきます。

REIT《リート》の基本を押さえる

そもそも「REIT《リート》」とは、Real Estate Investment Trustの略で、日本語では一般に「不動産投資信託」と言います。

運用会社が投資家から広く資金を集め、オフィスビルや商業施設、マンションなどの不動産を購入して、その賃貸収入や売買益を投資家に分配する形の投資信託です。

株式ではないのですが、証券が発行されて証券取引所に上場されていますから、株式と同じように売買できます。本書執筆時点では、東京証券取引所に全部で64の銘柄が上場しています。

出来高や板情報、歩み値などもあり、株式とほとんど同じように取引できます。

通常は100株が取引の最低単元となる株式と異なり、REITは1口単位の取引となるなど、違うところもあります。ただ、以前には株式でも最低単元が1株の銘柄はたくさんありましたから、それほど違和感はないはずです。

このほかにも、REITには株式と同じような特徴がいくつかありますので、簡単にまとめておきます。

⦿REITには配当金はないが、分配金がある

REITでは、保有不動産の運用で得た収益を投資家へ分配します。

当然、収益性の高い物件に投資をしていれば分配金は多くなりますし、逆に収益性の低い物件に投資をしてしまえば分配金が少なくなります。株式投資の配当金と同じ原理です。

たとえば、住友商事をスポンサーとする物流施設REIT、**SOSiLA物流リート投資法人（2979）**であれば、1口あたりの分配金を5月と11月の年2回受け取ることが可能で、2020年は5月が2113円の予定、11月は2363円の予定とのこと。たとえば10口投資しているなら、年間4万4760円の分配金を受け取れる計算です（本書執筆時点／税引き前）。

同REITの1口の価格は、本書執筆時点では12万円前後で推移しています。仮に12万円ちょうどであれば、10株投資する際の買い付け金額は120万円。それで分配金が4万4760円ですから、分配利回りは3・7％となります。

余談ですが、このようにREITには比較的利回りが高い銘柄が多いので、私の知人にはさまざまなREITに分散投資して、1年中、毎月分配金を受け取れるようにしている方もいます。ちょっとした「自分年金」というわけです。

◉投資主優待がある銘柄もある

ＲＥＩＴのなかには、株式の場合の株主優待と同じように、投資主に対して優待を実施している銘柄があります。

特定の権利確定日にそのＲＥＩＴを保有していると、株主優待ならぬ「投資主優待」が受け取れる、という仕組みも同じです。

たとえば**大江戸温泉リート投資法人（３４７２）**の場合は、５月・11月の年２回、５口以上を保有していると、投資先の温泉・温浴関連施設の利用割引券１０００円分が受け取れます（年間２０００円分）。

こんなところまで株式にそっくりというわけです。

ＲＥＩＴにも価格指数があり、連動型インデックスファンドもある

このように株式と同じように取引できるＲＥＩＴですが、あくまでもＲＥＩＴであり株式ではありませんから、ＲＥＩＴだけの全体的な値動きを示す価格指数が用意されています。

「東証ＲＥＩＴ指数」がそれで、東京証券取引所に上場しているＲＥＩＴ全銘柄の価格を指数化したものです。基準時を２００３年３月31日の終値に置き、その日の時価総額を１０００

として、その後の変化を指数化しています。

全ＲＥＩＴ銘柄の価格の指数ですから、**もし新規上場や上場廃止があれば、ＴＯＰＩＸのようなリバランスも行われます。**

そして東証ＲＥＩＴ指数には、ＴＯＰＩＸや日経平均株価指数ほど数は多くありませんが、**その値動きに連動することを謳っているインデックスファンドもいくつか存在しています。**

つまりリバランスが行われるときには、そのタイミングに合わせて、対象となる銘柄にファンドマネージャーらによる「インデックス買い」や「インデックス売り」が、ＴＯＰＩＸなどと同様に発生する、ということです。

その際に生じる値動きにうまく先回りできれば、高い確率で利益をあげられるはずです。

具体的な投資タイミングを割り出す

まずはイベントのスケジュール感を確認しましょう。

東京証券取引所にＲＥＩＴが新規上場すると、そのＲＥＩＴも東証ＲＥＩＴ指数に組み入れられます。ただし、すぐにではありません。**指数への組み入れは、上場月の翌月末**と決まっています。ここもＴＯＰＩＸと同じです。

たとえば12月10日に新規上場したＲＥＩＴであれば、翌1月の最終営業日に東証ＲＥＩＴ指数へ組み入れられます。

ということで、株価の値動きや、インデックス買いの発生するタイミングもＴＯＰＩＸと同様になります。

上場から翌月末にかけて、インデックス買いへの期待感からジリジリと値を上げたのち、特に翌月末の2〜3営業日前からいよいよ大口の買いが入ってきて、上場翌月末の当日にもっとも値上がりします。

ただし月をまたぐと、今度はインデックス買いやそれを期待する買いの需要が完全になくなって、いきなり価格が急落する、というのもそっくりです。

リターンは低いが勝率は高い！

イベントのスケジュールが同じなので、勝ちやすいタイミングも同じです。

新しく上場したＲＥＩＴ銘柄は、上場翌月末から数えて10日〜1週間ほど前までに購入しておき、月末に向けての値上がりを確認しながら、上場翌月末の前日までに売り抜けます。これが基本パターンでしょう。

ただし、ＲＥＩＴはＴＯＰＩＸのように、上場から組み入れまでのあいだにいったん大きく値下がりするケースがあまりないので、買いに入るタイミングはもう少し早くてもいいかもしれません。**もし新規上場のときに公募割れしているのであれば、どうせ翌月末にかけて値上がりする可能性が高いのですから、新規上場したタイミングで買うのもいい選択**だと思います。

こちらのほうが保有期間は多少長くなりますが、値幅はより大きくとれる傾向があります。

ちなみに、上場廃止になるＲＥＩＴは非常に少ないので、この手法では当面、買いだけを考慮すればよいでしょう。


ＲＥＩＴの場合、ほとんどすべてが新規上場で、東証二部などの別市場から昇格するケースは稀です。そのため、１０９～１１８ページで示したような東証一部への直接上場株と同じように、上場前後に市場に出ている情報が少なく、インデックス買いに絡んだこうしたパターンどおりの値動きが、素直に現れやすいという特徴もあります。

それもあってか、この「東証ＲＥＩＴ指数買い」は勝率が非常に高く、個人的な経験では、**その勝率が９割を超えています。**

図表35 過去10年間に新規上場したREITの初値と東証REIT指数組み入れまでの高値 [2010年4月〜2020年3月]

銘柄名	上場時の初値	REIT指数採用までの高値	差分
SOSiLA物流リート	112,500	126,900	14,400
サンケイリアルエステート	97,000	115,300	18,300
エスコンジャパンリート	97,200	107,600	10,400
伊藤忠アドバンス・ロジスティクス	99,300	96,300	**▲3,000**
タカラレーベン不動産	92,000	93,700	1,700
ザイマックス・リート	104,000	116,500	12,500
CREロジスティクスファンド	104,500	114,600	10,100
三菱地所物流リート	274,000	283,500	9,500
森トラスト・ホテルリート	145,000	152,400	7,400
投資法人みらい	176,000	180,700	4,700
さくら総合リート投資法人	79,000	83,900	4,900
大江戸温泉リート投資法人	89,200	91,300	2,100
三井不動産ロジスティクスパーク	271,400	334,500	63,100
マリモ地方創生リート	88,500	92,000	3,500
スターアジア不動産	99,100	100,500	1,400
ラサールロジート	105,000	110,000	5,000
いちごホテルリート	104,100	137,000	32,900
ジャパン・シニアリビング	170,000	183,600	13,600
サムティ・レジデンシャル	99,000	101,700	2,700
ヘルスケア&メディカル	170,000	170,000	**0**
ケネディクス商業リート	260,500	279,700	19,200
積水ハウス・リート	675,000	745,000	70,000
トーセイ・リート	115,000	137,500	22,500
インベスコ・オフィス・ジェイリート	12,600	12,850	250
日本リート	262,000	273,700	11,700
ヒューリックリート	122,000	151,500	29,500
イオンリート	115,000	145,000	30,000
SIA不動産	429,000	425,000	**▲4,000**
星野リゾート・リート	570,000	650,000	80,000
(旧)野村不動産マスターファンド	96,700	101,600	4,900
日本プロロジスリート	700,000	1,025,000	325,000
コンフォリア・レジデンシャル	607,000	907,000	300,000
GLP	62,500	78,700	16,200
大和ハウスリート	504,000	585,000	81,000
アクティビア・プロパティーズ	445,000	466,500	21,500
ケネディクス・レジデンシャル・ネクスト	182,300	184,500	2,200

※日本取引所グループHP「REIT銘柄一覧」などから筆者作図
※当初JASDAQ市場に上場し、その後東証に昇格した1銘柄は含めていない

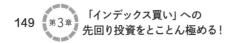

前ページの表に、本書執筆時点から過去10年間に上場した、ほぼすべてのＲＥＩＴとなる36銘柄について、上場後初値と東証ＲＥＩＴ指数組み入れまでの高値を比較してまとめてみました。仮に、指数組み入れまでに初値を超えれば1勝、超えられなければ1敗、同値で1分けと数えるとすると、この期間の勝敗はなんと「33勝2敗1分け」で、勝率およそ92％です。個人的経験からくる私の感触とも一致しています。

この数字を、そのまま実際の取引での勝率と同一視はできませんが、非常に優位性の高い投資戦略であることは、理解していただけるのではないでしょうか？

ただし、この投資手法ではひとつ注意点があります。

それは、ＲＥＩＴでは1口の価格が比較的高く、また投資対象が安定資産の不動産であるということもあって、価格変動の幅が大きくなりにくいということです。

勝率は9割を超えるほど高いのですが、一度の投資で得られる利益の額は、それほど大きなものにはなりません。ローリスク・ローリターンな投資手法なのです。

私の場合は、自分が通常投資する際の投資金額よりも、ＲＥＩＴについてだけは少し資金量を多めに投入することで、得られる利益を最大化するように意識しています。自らの投資資金

図表36 エスコンジャパンリート投資法人（2971）日足・ローソク足チャート
［2019年2月中旬～2019年4月上旬］

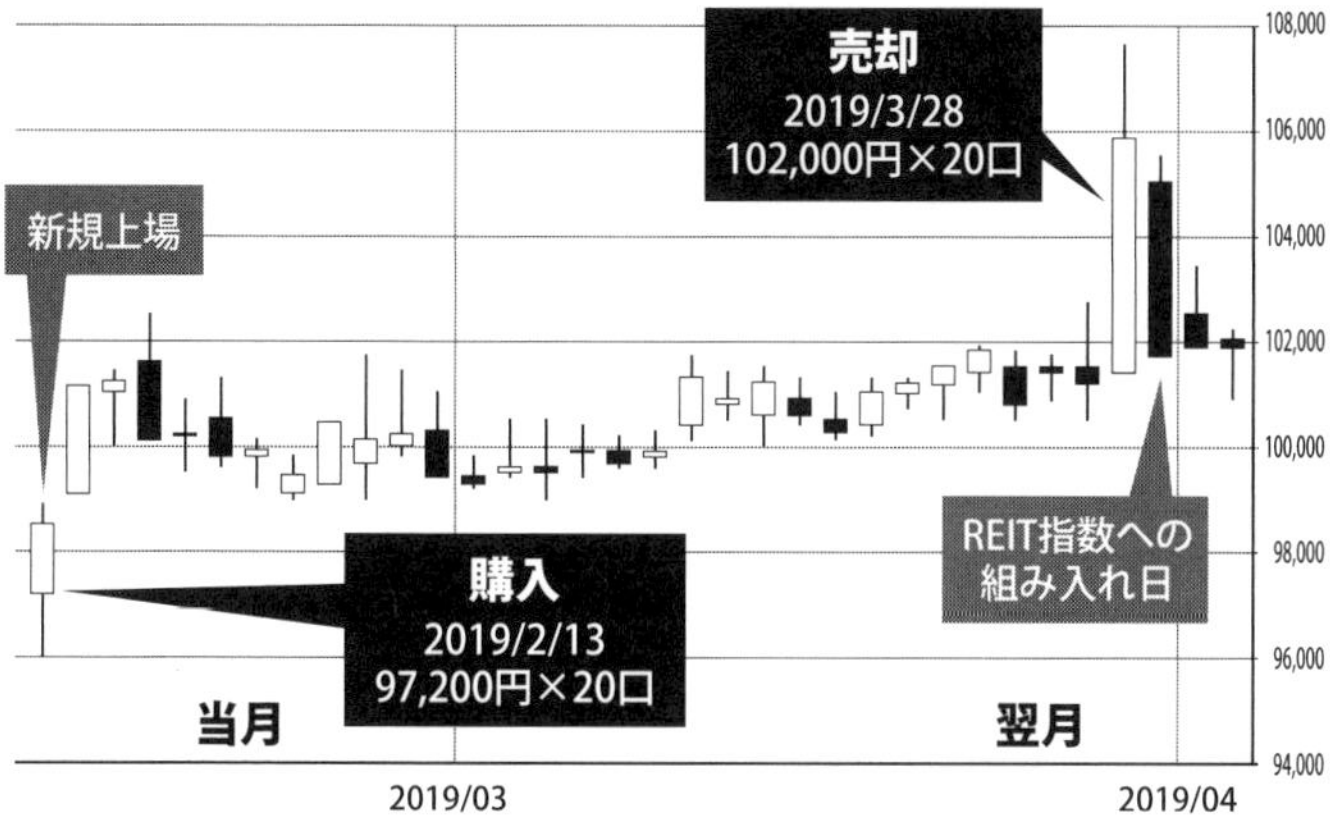

の額と相談しつつ、みなさんも検討してみてください。

実例① エスコンジャパンリート投資法人（2971）

実際の過去の取引事例を2つ紹介しておきましょう。

まずは**エスコンジャパンリート投資法人（2971）**です。

この銘柄は2019年2月13日に新規上場しましたが、公募価格10万1000円に対して、初値は9万7200円で少し安くつきました。

その後、東証REIT指数への組み入れイベントに向けて、株価はジリジリと値を上げ、翌3月の最終営業日の1営業日前となる3月28日に、10万7600円の高値をつけました。

私はこのイベントに注目していたため、上場日に初値9万7200円で同REITを20口購入しました。投資総額194万円です。

そして、上場翌月末の1営業日前にあたる3月28日に、10万2000円で全口売却し、1カ月ちょっとの保有で9万6000円の利益を得ました。

かなり高い確率で利益を得られますが、利益額自体はさほど大きくならない、というのがよくわかっていただける事例です。

実例② サンケイリアルエステート投資法人（2972）

続いて、2019年3月12日に新規上場した**サンケイリアルエステート投資法人（2972）**です。公募価格10万円に対して、初値は9万7000円で、こちらもわずかに公募割れでの上場でした。

しかしその後は、予定どおりにインデックス買い期待でジリジリと値上がりし、翌月の4月25日に11万5300円の高値をつけています。

図表37 サンケイリアルエステート投資法人（2972）日足・ローソク足チャート
［2019年3月中旬～2019年5月上旬］

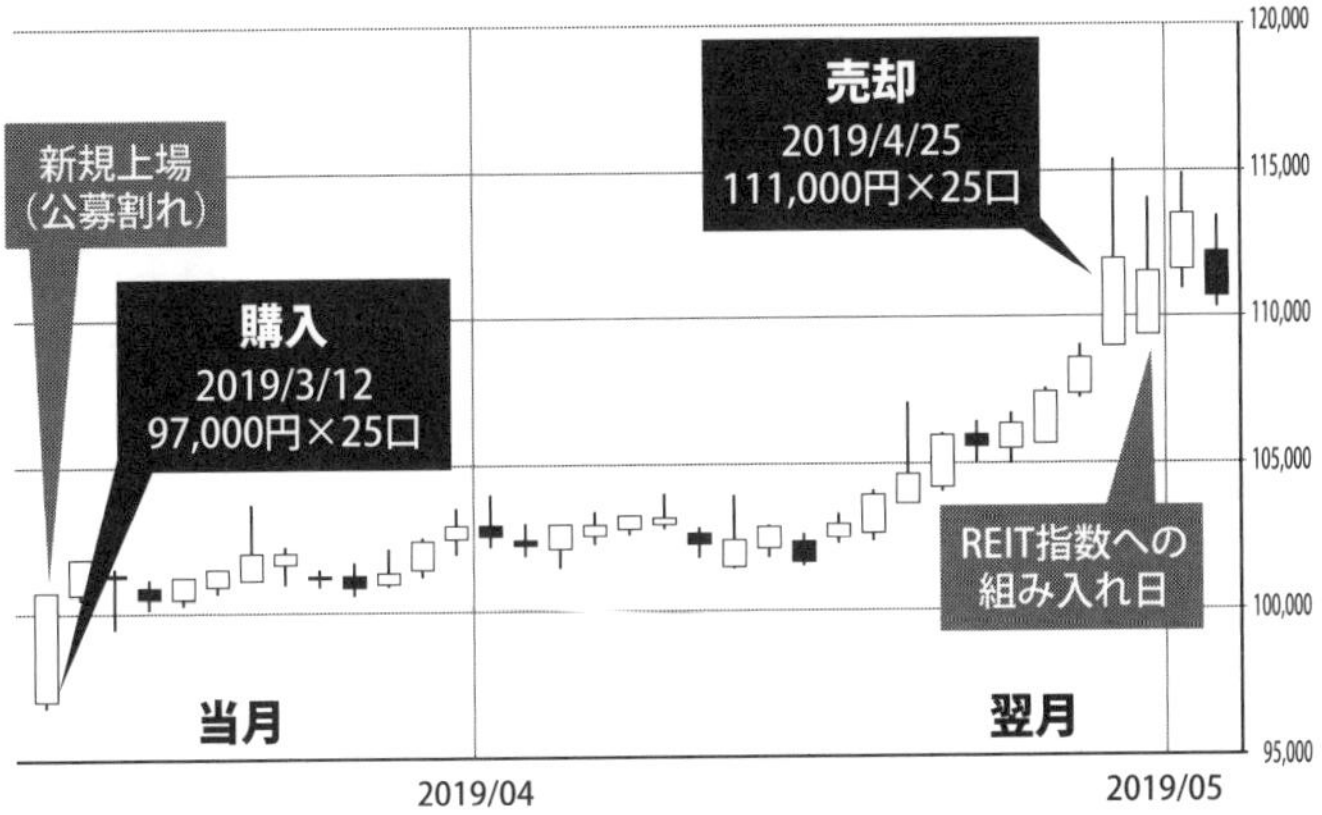

この銘柄については、私は公募割れをしていてもいずれインデックス買い期待で上がるのだから、公募割れは安いと考え、上場初日の気配を確認したうえで、初値の9万7000円で25口購入しました。投資総額は242万5000円です。

その後、指数組み入れ日の前営業日となる4月25日に、11万1000円で全口売却。35万円の利益を得ました。保有期間はおよそ50日間です。

REITのインデックス買いへの先回り投資では、このように一度の取引で大きく稼ぐことは難しいのですが、勝率は非常に高いので安心感があります。ぜひ、みなさんも挑戦してみてください。

東京証券取引所の市場区分変更には最大限の注意を払っておく

3つの市場に再編・統合される

ＴＯＰＩＸと日経平均株価指数、さらには東証ＲＥＩＴ指数に注目したインデックス系のイベント投資の手法を詳しく解説してきましたが、実は最近、この手法に関して新たに注意を払っておかなければならない要素が出てきました。**東京証券取引所の市場区分の変更**です。

前述したとおり、現在の東京証券取引所には、主に以下の４つの市場が存在しています。

①東証一部
②東証二部
③マザーズ
④ジャスダック

このうち④のジャスダックは、実はさらに「**ジャスダック・スタンダード市場**（実績のある企業向けの市場）」と「**ジャスダック・グロース市場**（新興企業向けの市場）」に分かれているので、厳密には5つもの市場に分かれています。さらに、一部は市場の性質がかぶっています。

このような状態になっているのは、2012年に東京証券取引所と大阪証券取引所が経営統合し、実態としては東京証券取引所に統合されたため、かつての大阪証券取引所の2つの市場がジャスダックとして存続した、という背景があります。

こうした複雑化した状況を是正するため、本書執筆中の2020年2月、東京証券取引所は今後数年をかけて、現在の市場区分を次に示す3つの市場に再編することを発表しました。新規上場や上場維持の基準も見直され、特にプライム市場の上場維持基準については、従来の東証一部の上場廃止基準よりかなり厳しくなっています。

①プライム市場……流通性の高い企業向けの市場
②スタンダード市場……実績ある企業向けの市場
③グロース市場……新興企業向けの市場

これらの市場の名称はまだ仮称とのことですが、とりあえずそのまま解説していきます。

現在、4つの市場に上場している企業は、それぞれの希望のもとに、原則としてこれら新たな3市場に移行して上場されることになります。

移行の時期については、本書執筆時点では2022年4月1日が予定されているそうです（今後、変更される可能性もあります）。

東証一部相当のプライム市場に行けない一部上場銘柄が出てくるかも

この市場の再編にあたり、特に問題になりそうなのは、**現在は東証一部に上場しているものの、新しい市場区分ではプライム市場の上場維持基準を満たせないと思われる企業があること**です。

経過措置として、当面のあいだは新しい基準を満たせなくても、現在の上場維持基準に近い基準が適用されるようですが、不安定な状態になりますので、無理をして東証一部相当のプライム市場への上場を維持せず、東証二部相当のスタンダード市場へと移行する現・東証一部上場企業がそれなりに出てくるものと予想されています。

そして、本当にそのような企業が多数出てくれば、東証一部への上場株を対象としているTOPIXや日経平均株価指数にも、大いに影響が出てきます。

日経平均株価指数については、もし構成銘柄のなかからプライム市場に移行せず、スタンダード市場やグロース市場へ移行する企業が出てくれば、**それらの企業は除外して、新たにプライム市場の企業を採用する組み換えが行われる**可能性が高いでしょう。

通常の年1回の組み換えで対応できる数であれば問題ありませんが、もし数が多い場合には、指数の連続性の観点からなんらかの特別措置がとられる可能性もあります。

より影響が大きそうなのがTOPIXで、東証一部上場の全銘柄を対象としている指数ですから、**プライム市場に移行せずスタンダード市場やグロース市場へ移行する企業があるときは、そのすべてを移行の翌月末から対象外とするのが原則となるはず**です。ただ、移行企業の数が非常に多くなる場合には、指数の連続性の観点から問題視されるかもしれません。なんらかの激変緩和措置がとられる可能性もありますので、関連の情報にはしっかり注意を払っておく必要があります。

ちなみに東証REIT指数については、ほとんど影響がないはずです。

いずれにせよ、**こうした変化はイベント投資の大きなチャンスにもなりえます。**

もしTOPIXや日経平均株価指数の組み換えやリバランスが大規模に行われるのであれば、それだけ、本章で徹底的に解説したインデックス買いへの先回り買いで利益をあげられる機会が増えるということです。

また、指数からの除外銘柄についても、すでに解説したように利益をあげられる投資法があります。

思わぬボーナスタイムとなる可能性もありますから、そういう意味でも、関連の情報には十分に留意しておくようにしてください。

株主数の基準が緩和される

なお、今回の市場区分再編に伴う上場基準の変更で、現在の東証一部に相当する**プライム市場では、新規上場・上場維持の両方に共通して、必要な株主数の基準が大きく緩和される**予定です（たとえば、新規上場時では従来の2200名が800名に緩和される予定です）。

こちらについても、認識しておくといいでしょう。

第3章のポイント

● よく言われる「インデックス買い」だが、その詳細まで知っている人は少ない。しっかりマスターすれば、収益の機会をたくさんつくれる。

● TOPIXのリバランスはほとんど毎月あるため、投資のチャンスも多い。東証一部への上場の翌月末にインデックス買いが発生するので、10日～1週間くらい前までに先回りして買い、指数への組み入れ当日の前営業日に売ると、もっとも効率よく値幅をとれる。

● 勝率の高い投資手法だが、外れることもある。複数の銘柄の組み合わせと定期的な実践で、最終的な損益をプラスに持っていくよう意識すること。

● 特に東証一部へ直接、新規上場する企業があるときには、IPO前の公募株の入手も組み合わせていくことで、より大きな利益が狙える。こうした銘柄は、インデックス買いに向けた値動きも素直に出やすい。

● 日経平均株価指数は毎年、10月第一営業日に定期入れ替えがある。それに合わせて9月の頭に公式発表があるので、発表された採用銘柄の株価がしばらくあとにダレたところを買い、インデックス買いに合わせて売るのが基本パターン。

●事前に各証券会社などから出るレポートで、日経平均の構成銘柄への採用が予想されていた銘柄のうち、公式発表で予想が外れた銘柄のリバウンドを狙うのもオススメ。むしろ、こちらのほうが勝率が高い。

●日経平均株価指数の構成銘柄から除外された銘柄について、発表後の急落からのリバウンドを狙う応用パターンも勝率が高い。

●東証REIT指数にもインデックス買いが発生するので、「TOPIX買い」と同じような手法で、高確率で利益を狙える。

●東京証券取引所の市場区分変更は、各指数にも影響するので状況の変化を注視しておく。事前の準備次第では、大きな投資チャンスになる可能性もある。

第4章

直近のＩＰＯ株を狙う「上場来高値ブレイク戦略」

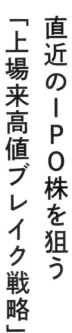

直近のＩＰＯ株の上場来高値更新もイベント投資の対象にできる

一定の条件を満たしたとき、同じような値動きが生じる

第2章で解説した「株主優待先回り投資」と、第3章で解説した「インデックス系のイベント投資」に加え、私は株式市場に新たに上場してきたＩＰＯ株に関して、上場後のイベントを狙う投資法も手広く行っています。

ＩＰＯ株が上場してからの取引のことを、「**ＩＰＯセカンダリー投資**」と言います。

一般的には、このＩＰＯセカンダリーの時期は株価のボラティリティが大きく、そこには法則性などない、と思われていることが多いようです。しかし、実はこのセカンダリーの時期の値動きにもさまざまなパターンがあり、こういうときにはこのような値動きをする、というのがある程度予想できます。

そうしたパターンは、上場後の一定の期間内に、一定の条件を満たしたとき（たとえば、上

場初日に人気が集中し、初値が当日中につかなかったとき）に生じることが多いため、一種のイベントとそれに伴う値動きとして捉えられます。発生の時期をあまり予測できないものもあり、その点で多少の弱さはありますが、**大枠としてはイベント投資の対象として考えても問題はないでしょう。**

このようなＩＰＯセカンダリーにまつわるさまざまなイベントと、その際に生じる値動きのパターン、さらにはそれらを踏まえたうえでどのように利益を出せばよいかについては、前著『いつでも、何度でも稼げる！　ＩＰＯセカンダリー株投資』（すばる舎）で詳細かつ具体的に公開しました。よって、それらすべてについて、ここで繰り返すことは避けます。

しかし、紙幅の都合で前著には収録できなかったノウハウがいくつかありますので、ここではそのひとつを紹介しておきたいと思います。

直近のＩＰＯ株が、上場からしばらくしてチャート上で「カップ・ウィズ・ハンドル」を描き、上場来高値を更新していく（ブレイクする）、というイベントが起こったときにとるべき手法です。私はこの手法を、**「上場来高値ブレイク戦略」**と呼んでいます。

IPO直後の株だけを対象に上場来高値更新を意識する

カップウィズハンドルとは?

実はこの投資手法「上場来高値ブレイク戦略」は、比較的広く知られている、いわゆる「高値ブレイク投資法」をアレンジしたものです。

一般に、ある銘柄の株価チャート上に左のような形状が現れると、これを「**カップ・ウィズ・ハンドル（Cup with Handle）**」と呼びます。

株価がいったん値下がりし、底値をつけてから回復してきて、ついに値下がり前の高値から水平に伸びている「ネックライン」を上に突き抜けます（これを「**ブレイクする**」と呼びます）。

その後、少しもみ合ったのち株価が上昇していくと、こういう形状がチャート上に描かれます。

ちなみに、このもみ合っている部分がコーヒーカップの取っ手の部分に相当し、「ハンドル」と呼ばれます。

図表38　典型的なカップウィズハンドルのイメージ

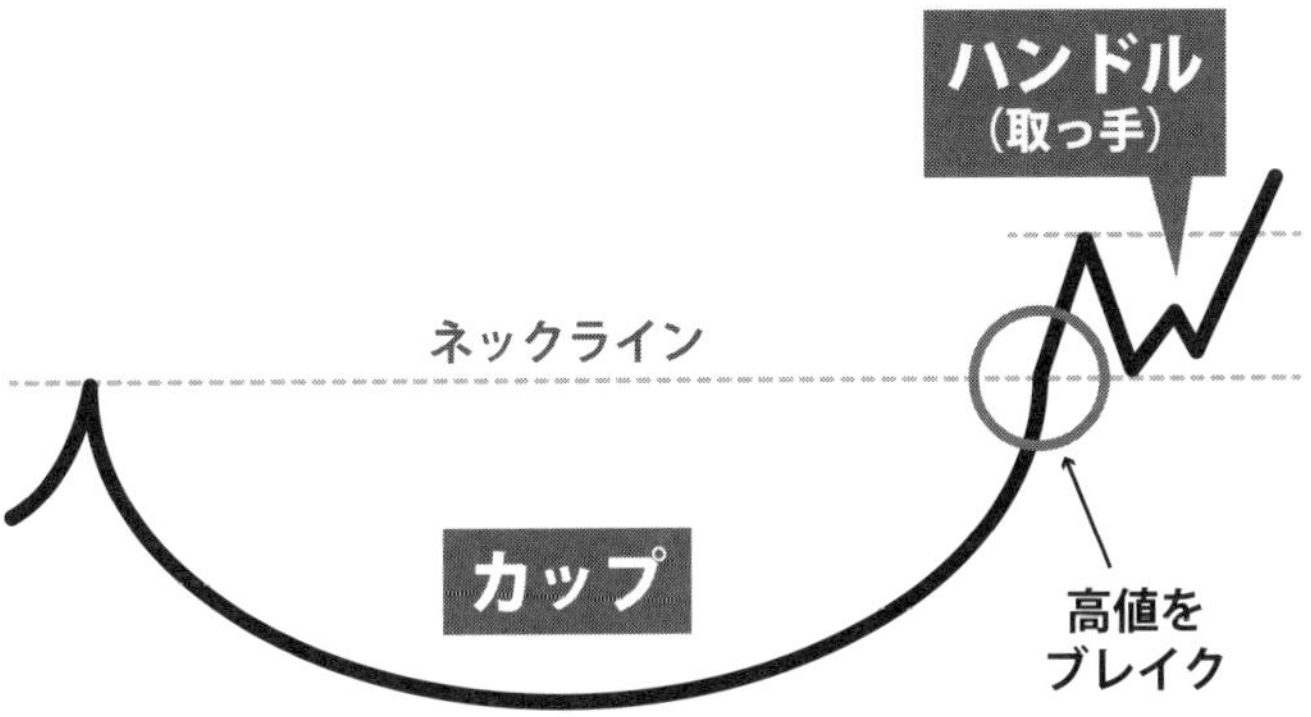

このカップ・ウィズ・ハンドルは、もともとはウィリアム・オニールという超有名な投資家が提唱したアイデアです。チャート形状を分析することで投資のタイミングを探るテクニカル分析では、非常に有名な買いシグナルとされています。チャート上にこの形状が描かれると、多くの場合にその後、株価が値上がりしていくのです。

ただ、ときには〝ダマシ〟もあり、ハンドルの部分から株価が上に伸びていかず、ダラダラともみ合いを続けるレンジ相場へ移行してしまったり、逆に失望売りを招いたりする場合もあります（次ページ上図参照）。

高値をブレイクしたところで投資する

従来の「高値ブレイク投資法」では、このカッ

図表39 高値のブレイクがダマシになってしまう場合のイメージ

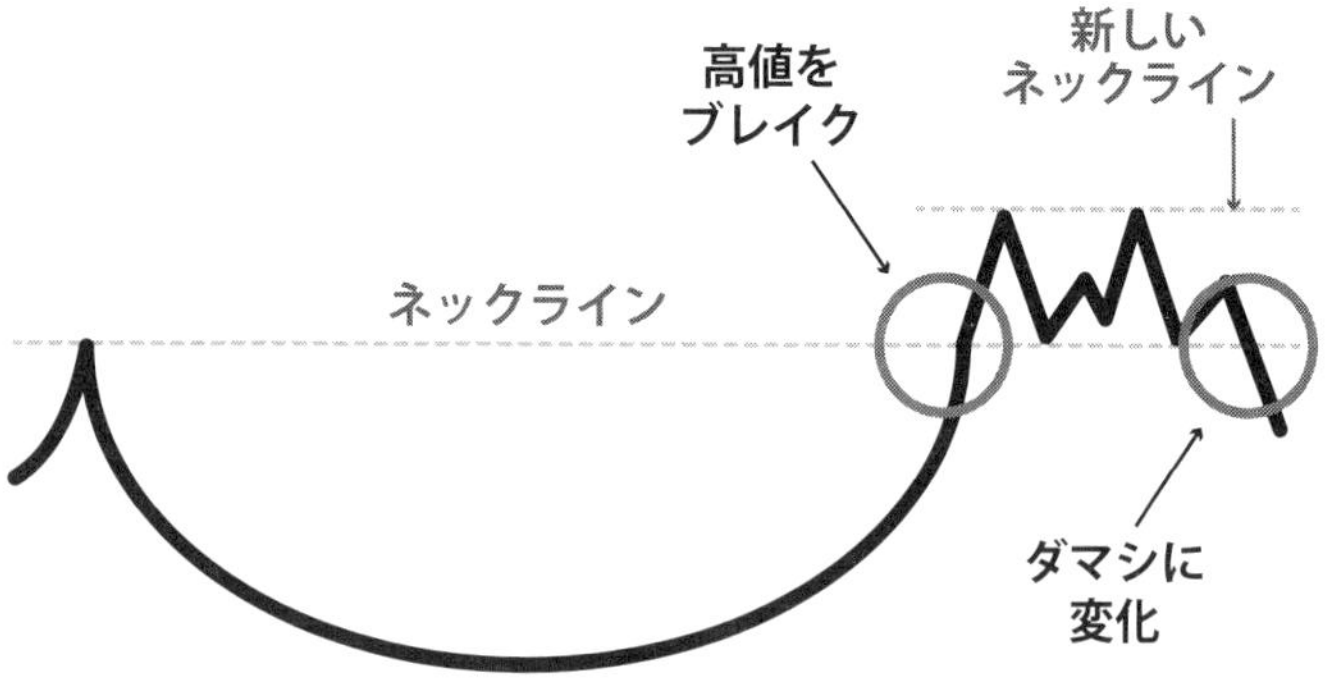

図表40 高値のブレイクから利益確定までのイメージ

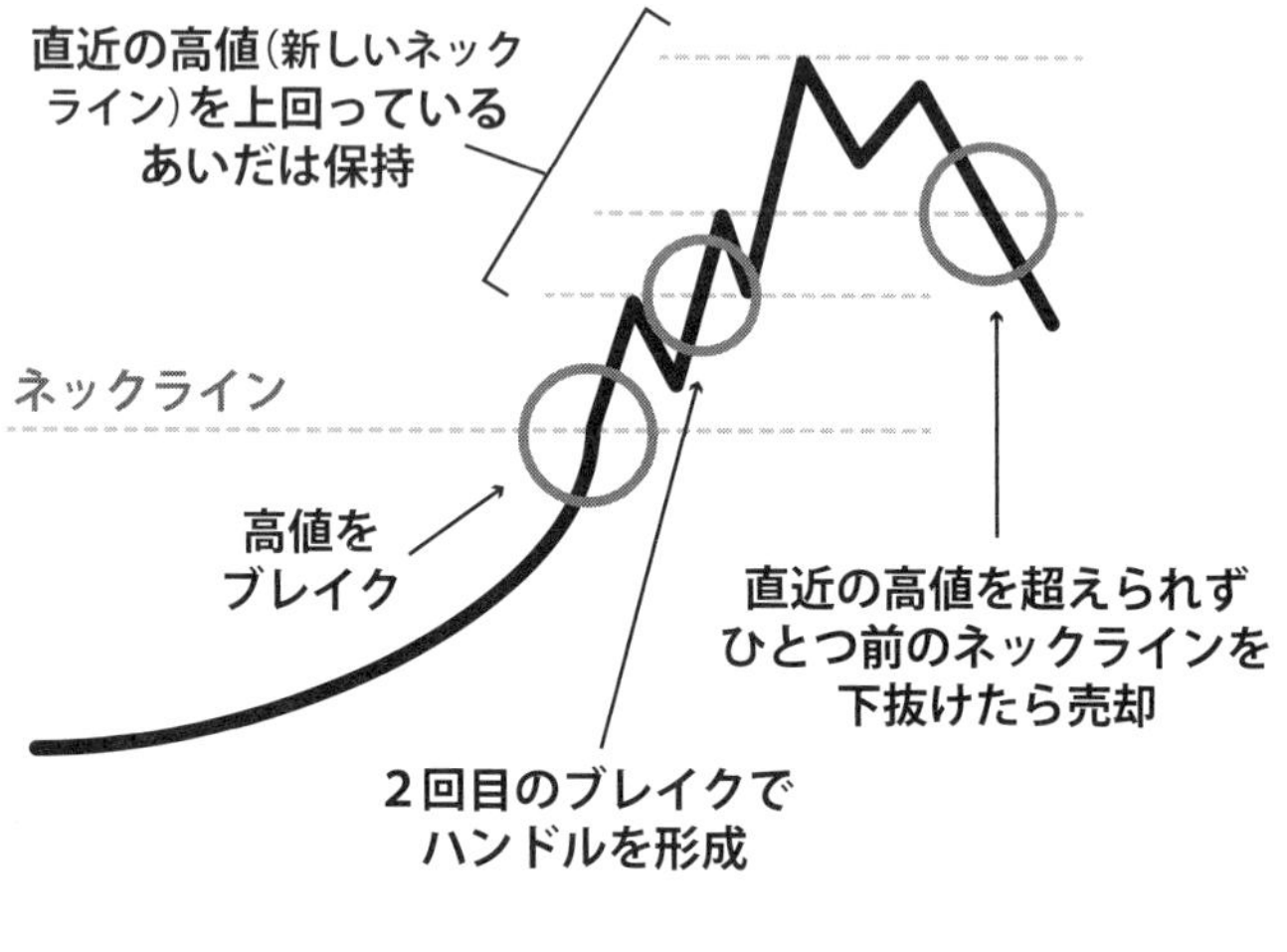

プ・ウィズ・ハンドルをひとつの基準として、チャートがカップの部分を形成し、以前の高値をブレイクしたのを確認した時点で買いに入ります。

あるいは、ハンドル部分の最初の高値で新たにつくられたもうひとつのネックラインを、さらに上抜けたのを確認してから、じっくりと買いに入る場合もあります。チャートがハンドルの部分を形成する際には一時的に最初のネックラインを割ることも多いので、ハンドルをしっかり形成して、株価がそこから上抜けるまで待つこの方法のほうが、ダマシを避ける意味ではより有利と言えるかもしれません。

いずれにせよ、その後、株価が直近の高値を終値などで下回らない限りは保有を続け、下回った場合には、そこで売却して利益を確定します。

このようにすれば、それまでのネックラインをブレイクして、新しい高値を追っていくときの値幅を大部分とれると同時に、上昇エネルギーが尽きて株価が下落基調に入ったときには、比較的早い段階でそれまでの利益を確保できる、という寸法です（右下図参照）。

対象を限定することで優位性が高まる

さて私の場合、この高値ブレイク投資法を、過去1～2ヶ月以内に新規上場したばかりのI

PO株に限定して適用しています。

IPO直後の株がカップ・ウィズ・ハンドルの〝カップ〟部分のチャート形状をつくると、その後、ハンドル部分でもみ合ったのち、レンジ相場や下落相場に移行してしまうダマシが非常に少ないという特長があるからです。

なぜそうなるのかと言うと、新規上場したばかりの銘柄では、ネックラインの上に上値抵抗線として意識されるような節目らしい節目がないため、いわゆる「青天井」の状態となって株価が吹き上がりやすいからです。

その銘柄の善し悪しを判断するほかの情報も少ないので、カップ・ウィズ・ハンドルのチャート形状ができた、というイベントに投資家が素直に反応しやすいという面もあります。

上場してから長期間経っている銘柄では、ほかに参考にできる情報がいくらでもありますから、同じチャート形状ができたとしても参考情報のひとつとしてしか扱われず、ダマシとなってしまうことがよくあります。IPO直後の銘柄なら、そうした事態を避けられるのです。

IPO直後の銘柄にはこのような優位性があるために、チャートがカップを描いてネックラインをブレイクしたタイミング、あるいはハンドルまでしっかり形成したタイミングで買いに入り、あとは先ほど紹介した従来の「高値ブレイク投資法」と同じような方法で、保有と利益確定を行います。そうすれば、より高い勝率で利益を得られるというわけです。

ＩＰＯ直後の銘柄ですから、ネックラインをブレイクした時点で、当然ながらその高値は上場来の新高値となります。そのため、私はこの手法をただの「高値ブレイク投資法」ではなく、「上場来高値ブレイク戦略」と呼んでいるのです。

実例① アディッシュ（７０９３）

実際に、チャートがカップ・ウィズ・ハンドルを形成しつつ上場来高値をブレイクしたあとに、どのような動きをするのか事例で確認しておきましょう。

アディッシュ（７０９３）は、ＳＮＳ上での企業の評判をリアルタイムで監視するインターネット・モニタリング事業や、子どもへのネットいじめを防止するサービスなど、ユニークなＩＴサービスを多数提供する新興企業です。２０２０年3月26日に、マザーズに上場しました。

この会社の株価は、コロナショックの最中の上場ということで地合いが非常に悪かったこともあり、ＩＰＯ直後から大きく値下がりしてしまいました。しかし、ユニークなサービスを提供する勢いのある小型株ということで、早くも上場から1週間程度で株価が底を打ちました。

図表41 アディッシュ（7093）日足・ローソク足チャート
［2020年3月下旬～2020年4月下旬］

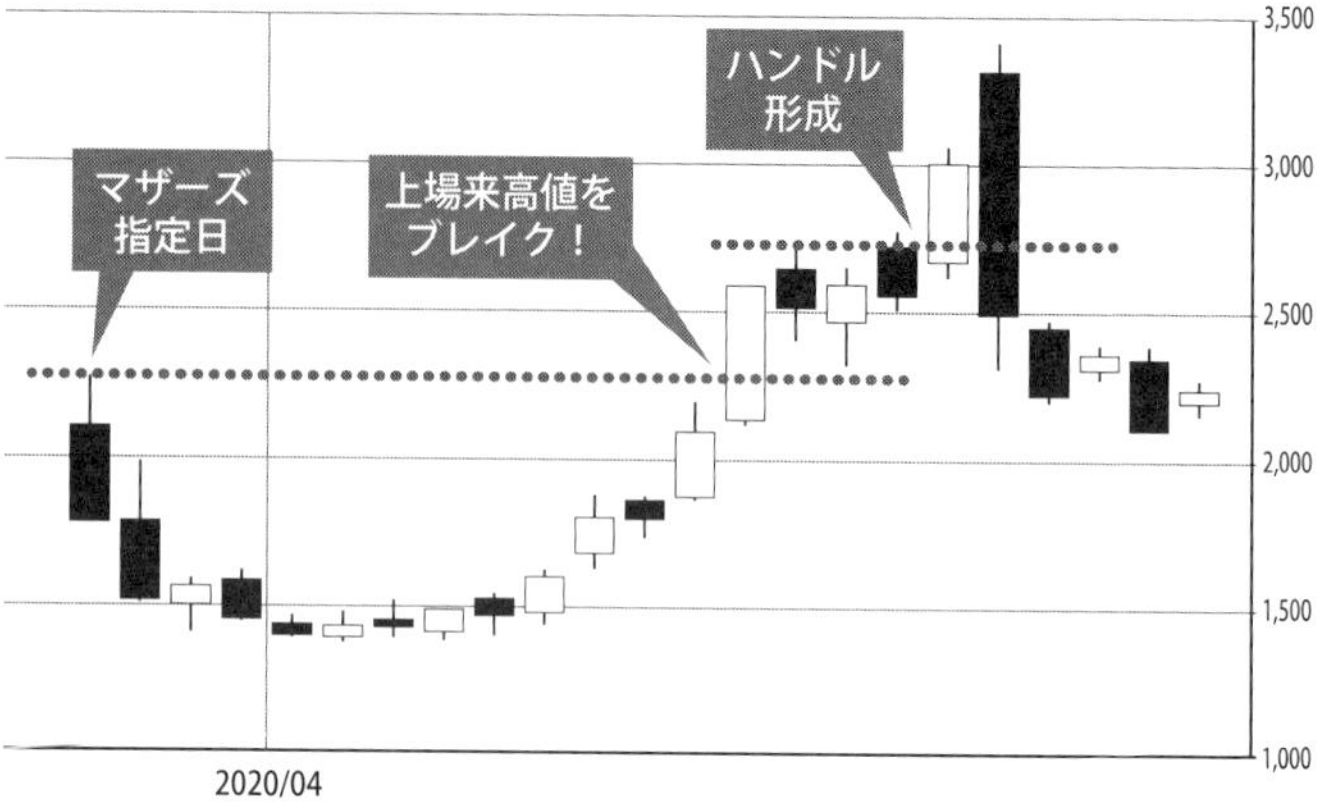

その後、チャート上できれいな〝カップ〟を形成し、4月6日に上場時の高値2269円のネックラインを超えました。つまり、上場来高値をブレイクしました。

その後、教科書どおりに〝ハンドル〟を形成し、そこから株価は一気に拭き上げて一時は3400円台にまで上昇しています。

上場来高値をブレイクしたあとの、こうした上昇部分での値幅をとっていくのです。

実例② 木村工機（6231）

もうひとつ事例を見ておきます。

木村工機（6231）は、業務用空調機器の開発・製造、販売などを行う旧来型の企業です。2020年3月13日に、東証二部に新規上

図表42 木村工機（6231）日足・ローソク足チャート
［2020年3月中旬〜2020年4月下旬］

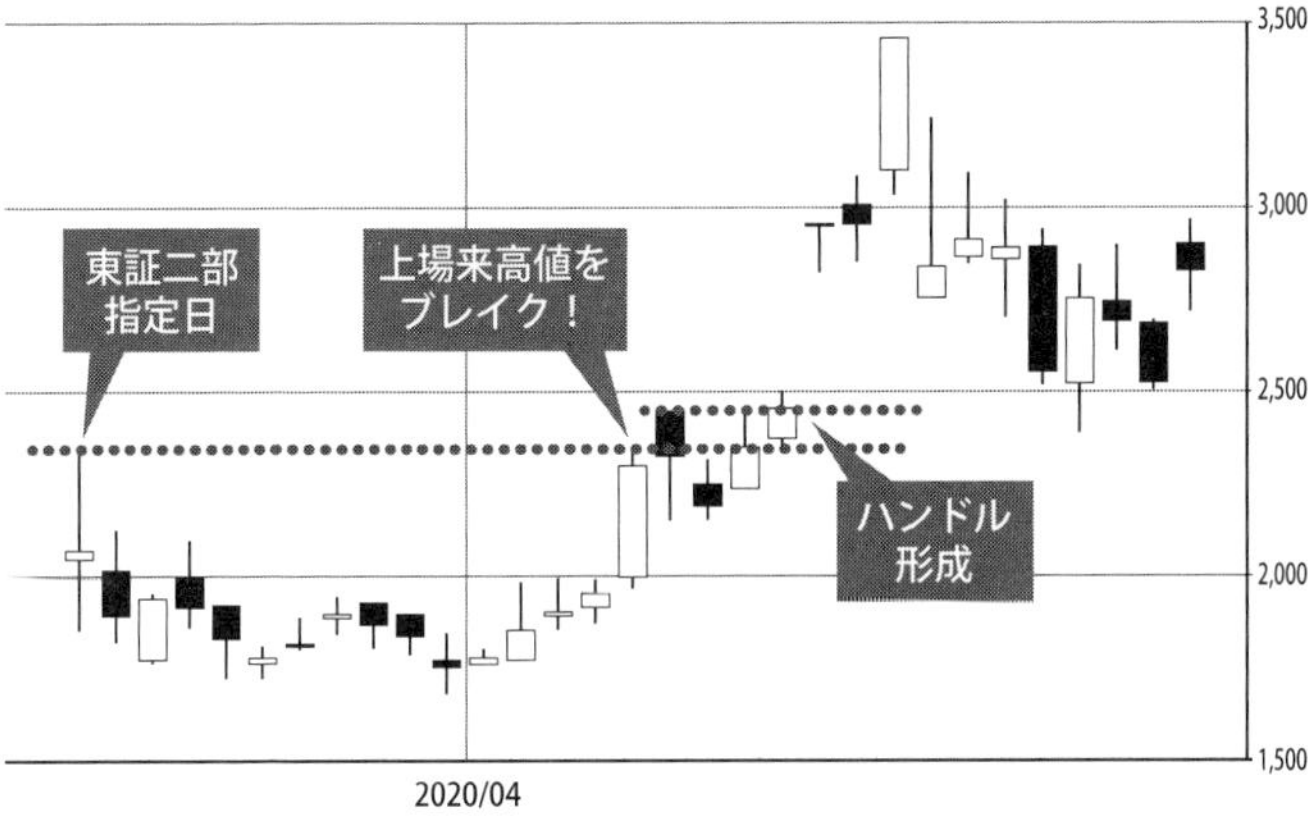

場しました。

こちらの企業も、コロナショックの最中にIPOしたため、上場直後から株価が値下がりしました。しかし、業績は悪くないことから2週間ほどで株価は回復基調に入り、4月7日には上場時の高値2350円をブレイクしています。

その後、いったん株価を下げつつも〝ハンドル〟を形成し、直後に上方修正を発表したこともあって株価は一気に吹き上げ、一時3455円にまで上昇します。

この拭き上げたタイミングで臨機応変に利益確定してもいいですし、当面の高値をつけたあといったん直近のネックラインを割り込む場面も何度かあったので、理論どおりにそこで利益確定しても、一定の利幅は確保できたでしょう。

高値をブレイクする前から買うこともできるが、その分リスクは高くなる

ほかの要素から投資の判断ができる場合

前項で述べたようにＩＰＯ直後の銘柄では、チャート上でのカップ・ウィズ・ハンドルの形成が、素直にその後の株価上昇につながるケースが多いです。

そのため、**もし個々の銘柄に関して買える材料が別にあるのなら、実際にネックラインをブレイクする前から買いに入ることで、より大きな値幅を狙う**という選択肢も想定できます。

たとえば12月など1年のなかでもＩＰＯが集中する月に上場した銘柄では、本来、もっと高い株価をつけられる実力があるのに、市場の資金がさまざまなＩＰＯ銘柄に分散してしまって、上場直後の株価が低迷してしまう銘柄が出てくることがよくあります。

そうした銘柄には、しばらくすると循環物色の波が巡ってくることが多いです。それによってチャート上にカップ・ウィズ・ハンドルが形成されることを期待し、底値からある程度回復

した時点で、先回りして買いに入ってもいいでしょう。

そのまましばらく保有しているうちに、首尾よくカップ・ウィズ・ハンドルが形成されれば株価が一気に上昇しますから、そのタイミングで売って利益を確定するのです。

初心者には少し難しいかも

ただしこの手法では、実際のイベントが起こる前に買いに入りますから、**リスクは上場来高値ブレイク投資法より高くなります。**

また、本当に上場直後につけた高値まで短期間のうちにリバウンドできるのか、それぞれの銘柄の実力を評価する力もいりますから、初心者には少々難しいかもしれません。中級者向けの応用パターンとして覚えておいてください。

そして、もし期待したようにはカップ・ウィズ・ハンドルのカップ部分を形成できなかったり、カップ部分はできたけれどもハンドル部分から上に伸びていけなかったりしたときには、潔く負けを認めて、損切りなどで仕切り直すことも必要になります。

特に相場全体の雰囲気がよくないときには、早めの撤退が求められることもあるでしょう。

実例① ランサーズ（4484）

実際の取引事例を紹介しておきましょう。2019年12月16日にマザーズに上場した**ランサーズ（4484）**です。

この会社は、フリーランスと企業をマッチングさせるプラットフォーム事業の運営を手がけている企業ですが、上場時は公募価格730円に対して、初値が842円でつきました。

このとき、私はこの企業はもっと人気化してもいいIPO株だと考えていました。しかし、IPO集中月の12月に上場したために、比較的安い価格で初値がついたのだろうと推測できました。

その後、同社の株価は720~850円としばらく低めに推移していましたが、1月に入りIPOの件数が少なくなれば、物色の波が循環してきて上場来高値をうかがってくるだろうと考えました。

そこで私は、同社株を755円で2500株買い付けたのです。投資額は188万7500円です。

図表43 ランサーズ(4484)日足・ローソク足チャート
[2019年12月中旬〜2020年1月上旬]

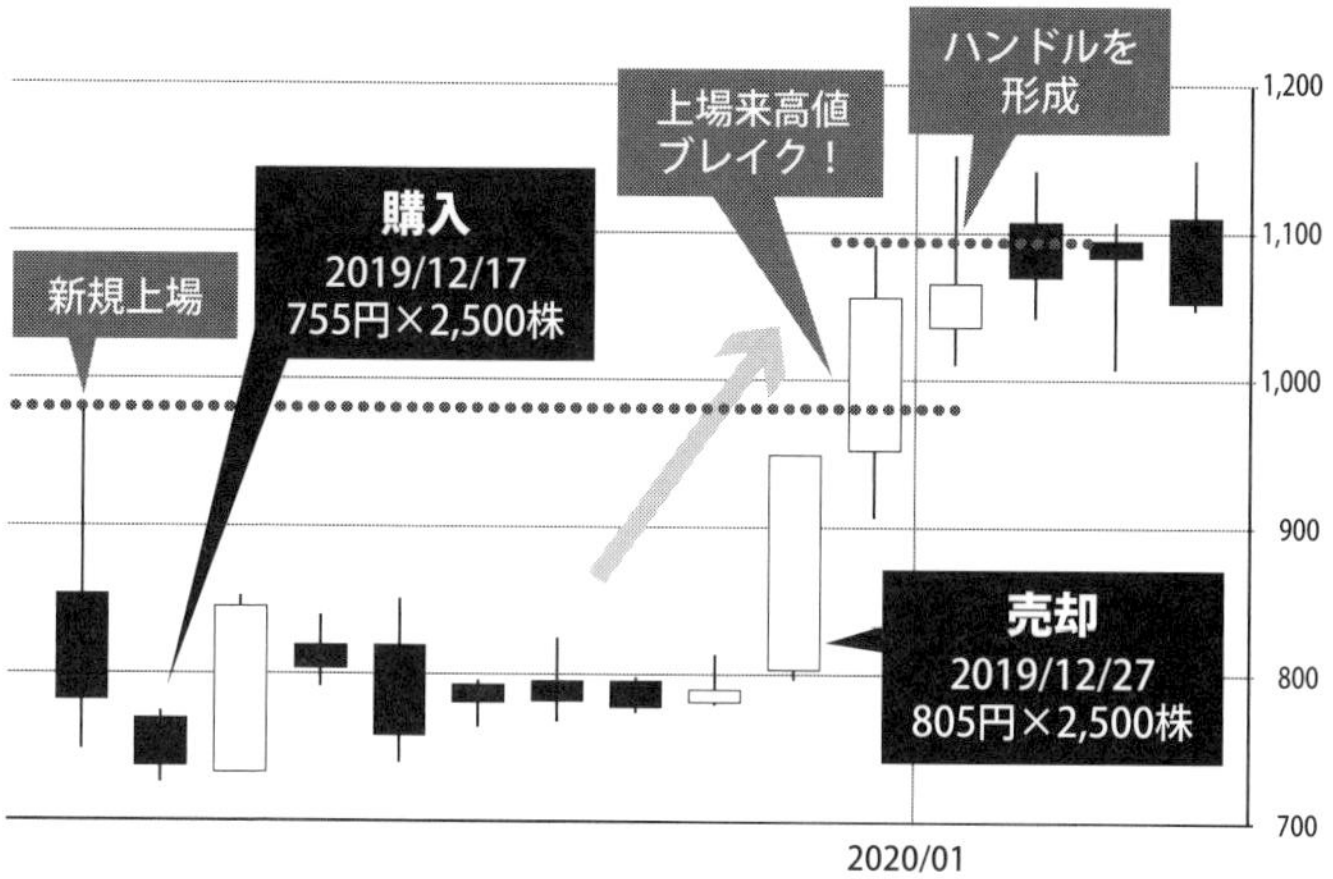

その後、予想どおりに循環物色の波に乗り、同社株はチャート上でカップ・ウィズ・ハンドルを描きました。

株価は素直に跳ねて、1月6日には上場来高値の1123円をつけました。

私はその前に、カップの形成過程で805円で全株を売却。結果としては10日ほどの保有で、12万5000円の利益をあげることに成功した、という事例です。

実例② 日本インシュレーション(5368)

さらにもうひとつ、事例を紹介します。

銘柄は、2020年3月19日に東証二部へ上場した**日本インシュレーション(5368)**

です。

この会社は、耐火性能を有するゾノトライト系珪酸カルシウムを主原料として、耐火・断熱性能を有する資材を製造・販売・施工するのを主要事業にしている企業です。

ブックビルディングの際の公募価格940円に対して、上場初日には初値869円で安くつきました。コロナショックの最中ですから、その後、株価は初値を上回ることなくさらに下落していき、一時は648円にまで低迷します。

この企業の場合、私は業績に注目しました。**上場時点ですでに今期の第3四半期までの業績が公表されており、通期予想に対しての進捗率が90％近くにまで達していた**からです。

仮に、第4四半期でコロナウイルス関係の打撃をこうむったとしても、3月決算企業のために今期の業績に受ける影響は限定的です（コロナウイルスの影響が出始めたのは、2020年2月の後半からでした）。感染症の蔓延によって壊滅的な打撃を受けるような業種・業態でもありません。そのため、近いうちに業績の上方修正が発表される可能性が高いと推測しました。

そうした予想にもとづき、私は同社株がじわじわと値を戻してきた4月10日、794円で1500株を買い付けました。投資額は119万1000円です。

その後、株価はいったん下げることがあっても上昇基調を続け、ついに4月20日には上場来

図表44　日本インシュレーション（5368）日足・ローソク足チャート
［2020年3月上旬～2020年5月上旬］

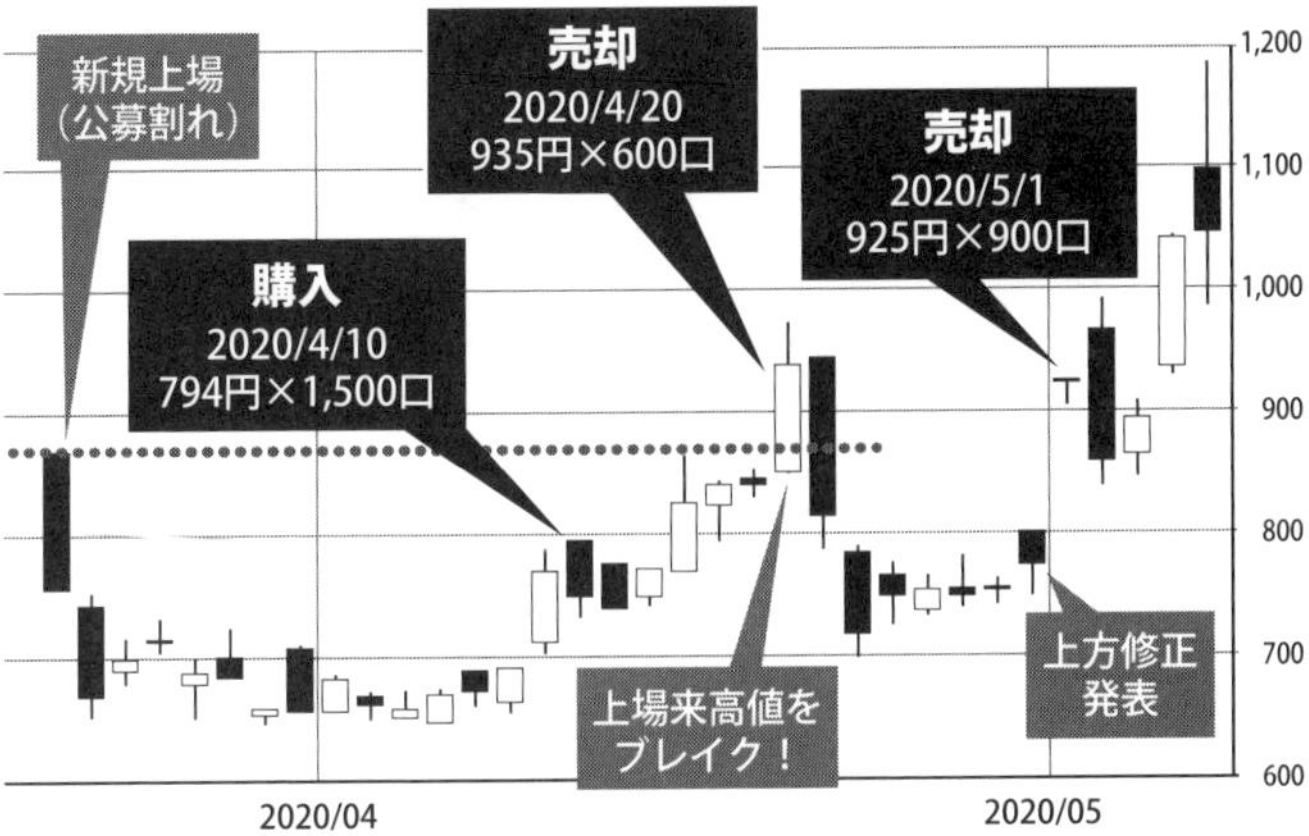

高値869円をブレイクします。

私は、その当日に935円で600株を売却。

さらに、予想どおりに4月30日に業績の上方修正が発表されたのを確認して、翌5月1日に925円で残り900株もすべて売却しました。

結果としては、最長20日間の保有で、合計20万2500円の利益をあげることに成功しています。

第4章のポイント

● チャート上に「カップ・ウィズ・ハンドル」の形状ができると、強い買いのサインとなる。

● ネックラインをブレイクした段階、あるいはハンドルまでしっかり形成した段階で買いに入り、その後は直近の高値をブレイクしているあいだは保持する。勢いがなくなって直近の高値を割ってしまったら、その段階で売るのが一般的な「高値ブレイク投資法」。

● IPOから1～2ヶ月程度の銘柄では、上値抵抗線として意識される節目の価格がないので、ネックラインをブレイクしたあとのダマシが少ない。

● IPO直後の銘柄だけを対象に、従来の高値ブレイク投資法を適用することで、より優位性が高い投資ができる。この手法を「上場来高値ブレイク戦略」と呼ぶ。

● 個別の銘柄で何か材料があれば、ネックラインをブレイクする前から買って、より大きな利益を狙うことも可能。ただし、その場合には思惑どおりにいかないリスクも高くなるので注意する。

第5章

イベント投資家の5つの心得

自分なりの資金管理ルールを決めて、塩漬け株を増やさない

本書の最後となる第5章では、イベント投資を実践する「イベント投資家」として、心がけてほしい事柄をいくつかお伝えします。参考にしてください。

適切に損切りしないと、投資できない状態が長く続く

私は、証券会社に勤めていたころから、多くの投資家の方々の売買を見てきました。また前職は投資教育事業の会社だったので、個人投資家の方々と株式投資についてお話しする機会が豊富にありました。

そうしたときに、個人投資家の方からもっとも多く聞く悩みは、「買った株が値下がりして、何もできない状況にある」とか、「どの銘柄を買い付ければよいのかわからないので、とりあえずネット上で話題になっている株を買ってみたが、そのあと値下がりして、身動きがとれな

い状況になっている」といったものでした。こうした悩みは、多少の場数を踏んでいる投資家であれば、誰もが何度かは経験しているものでしょう。

こうしたとき、余裕資金がいくらでもあるという方なら、新しく資金を追加して別の銘柄へ投資すればよいだけです。しかし、ほとんどの方はそうではないでしょう。

株式投資に回せる資金が限られている方が、とにかく損を確定したくなくて、含み損状態になっている株を売らずに〝塩漬け〟にしてしまうと、その後、別の対象に投資できなくなります。そうなれば、いつ株価が買値に戻ってくるかまったくわからないまま、じっと待ち続けることになってしまう可能性が高いです。

しかも、そうして待ち続けているあいだに株価がドンドン下がっていき、そのまま10年単位で低迷する、なんてことはよくあります。含み損も大きくなり、ますます身動きがとれなくなってしまいます。

これは、よくある失敗パターンなのです。

各自の資金量に応じて「マイルール」を決める

株式投資をしていくうえでは、「資金管理」が大切です。

株式投資に全勝はありえないので、思惑が外れて負けることは必ずあります。負けたとき、そこで負けを認められず身動きがとれなくなると、それ以上は何もできなくなってしまいます。損失もかえって大きくなることが多いです。

そこで、**あらかじめ資金量に応じて自分なりの資金管理ルールをつくっておきましょう。**残念ながら勝負に負けたときには、そのルールに沿って機械的に損切りするなどして、致命的な損失をこうむったり、身動きがとれない状態になったりするのを避けるのです。

このとき、具体的な金額などの基準は、自由にできる資金量やそれぞれの投資ポリシーが異なるため、一律に「これです」とは言えません。私の資金管理ルールを紹介しますので、これを参考にみなさん自身で、自分なりの資金管理ルールを決めるようにしてください。

私の場合は、まず**1銘柄あたりの投資金額を原則200万円まで**と決めています（前述したように「東証REIT指数買い」をするときや、あるいはIPOで公募株を事前購入するときなどには、この枠を拡大しています。また、会社の成長性や今後の見通しについて強く期待できる場合などにも、投資金額を拡大することがあります）。

そのうえで、**損切りについては評価損の金額が20万円に達したら、極力、機械的に行う**ようにしています。投資金額200万円なら、20万円はその10%なので、10%の損失が出た段階で負けを認めて損切りする、と言い換えることもできます。

仮に100円の株を1万株、合計100万円分、買い付けたとしましょう。

この株が20円下落したら、20%の下落率となります。投資資金100万円は80万円まで減ってしまいます。

その後、この80円の株が買値の100円に戻すためには、25%値上がりしなければなりません。しかし**20%下落した株が、そのあとに25%値上がりするためには、経験的には業績やIRニュースなどでかなりポジティブな材料が必要**です。そうした材料が出てこないかぎり、簡単には戻りません。通常は数ヶ月程度の時間も必要です。

逆に、80円にまで下落した株が、そのあとに75円（合計25%下落、100万円が75万円に）とか、70円（合計30%下落、100万円が70万円に）といった株価にまで続落する可能性は大いにあります。しかもごく短期間のうちに、です。

このとき、もし100円で買った株が90円まで下落した段階（10％の損失が出た段階）で、機械的に損切りするとあらかじめ決めていれば、90円になった時点で損切りできます。10万円の損失は確定しますが、自由にできる資金が90万円残ります。

その90万円を使って、別の銘柄に投資して挽回することは十分可能でしょう。本書でここまでに説明したとおり、**イベント投資のチャンスは何度でも巡ってきます**から、それらのチャンスを活かせば、90万円の資金を100万円に戻し、さらに伸ばしていくのも決して難しくありません。

ちなみに利益確定については、私は損切りほど明確なルールは決めていませんが、**数％～15％程度の利益を獲得した段階で、最低限、保有株の一部は売却し、ある程度の利益は確保するようにしています。**

さらに値上がりが期待できるような状況では、残った保有株で利益を最大化できるようにしつつ、思惑どおりにいかなくても最低限の利益は手もとに残るようにしているのです。

私の場合、このように自分なりの資金管理ルールを決めて、それに応じて投資しています。

みなさんも私の例を参考に、自分なりの資金管理ルールを決めて、そのルールを守って投資してください。結局はそうするほうが、塩漬けで損を抱えたまま、身動きがとれなくなる最悪の事態を避けられるでしょう。

安易に買うと、株に振り回されてしまう

このほか、**よくわからない株を、よくわからないままなんとなく買わないようにする**ことも大切です。

私自身について言えば、直近のIPO株への投資とイベント投資を中心に運用をしていますが、この手法以外で買い付ける場合には、さまざまな指標を調べますし、それぞれの銘柄の業績やIRニュースもしっかり確認します。周りの人へ、「その株をなぜ買ったのか」説明できるくらいにまで、突き詰めて調査してからでないと買わないようにしています。

値上がりしているからとか、値下がりしているからといって、安易に買い付けすると株に翻弄されてしまいます。くれぐれも気をつけてください。

それぞれの投資手法に設定されたルールをしっかり守る

せっかくの分析が力を発揮しなくなる

本書で紹介してきたさまざまなイベント投資の手法は、それぞれのイベントの前後に株価がどのような値動きをするのか、過去の事例を分析して一定のパターンを見つけ出し、そうしたパターンに先回りすることで利益を狙うものばかりです。

そのため、**それぞれの手法での売買タイミングや利益確定の目安などを無視し、一部だけいいとこどりしようとすると、失敗することが多い**ので気をつけてください。

自分でもデータを検証して、こうしたほうがもっと儲かるのではないかとアレンジし、その結果を検証してさらに手法を洗練させていく、というのであれば問題ないのですが、「含み益が出たから、もう少し持っていればさらに儲けが増えるのでは……」となんとなくルールを破るだけであれば、痛い目にあうかもしれません。

ときには思惑どおりに利益が増えることもあるかもしれませんが、それは運がよかっただけで、大きな損を抱えてしまうケースも少なくないでしょう。

たとえば「TOPIX買い」の場合であれば、原則として東証一部に昇格した翌月末の前営業日までには持ち株を売らなければなりません。

利益が出ているからといって、「もっと利益を大きくしよう」と欲を出し、その先まで保有してしまうと、たいていはインデックス買いの需要が消失して株価が急落してしまいます。

この手法でのベストな売却タイミングはすでに決まっているのですから、そこをずらしてしまうと、本来得られる利益を失う可能性があるのです。

「狼狽売り」を防ぐ効果も

また、**こうして投資のルールを守ることを意識していると、そのときどきの相場の変動に一喜一憂せずに、どっしり構えて投資できるようにもなります。**

私は自分の手法をすべてルール化していますから、たとえば誰かに「なぜ、その銘柄に投資したんですか？」と理由を聞かれれば、すぐにその理由を説明できます。

もし一時的にその銘柄の株価が値下がりしても、前述した損切りのルールに該当しないかぎりは、不安からつい売り急いでしまうこともありません。なぜなら、自分なりの値上がりに向けた思惑・戦略があり、そのシナリオが崩れていないのであれば、まだ勝負は途中だと自分で納得できるからです。

一方で、なんとなく投資をしてしまうと、ちょっと株価が値下がりした状況があると、含み損に〝ビビって〟しまい、すぐに損切りする「狼狽売り」の状況になりがちです。実はその数日後には、インデックス買いが入ることが期待できるかもしれないのに、です。

このように、その場その場での行き当たりばったりの対応を避け、戦略的に投資できるようになるためにも、それぞれの投資手法に設定されたルールは極力守るようにしましょう。

実例① フォーラムエンジニアリング（7088）

実際に、「TOPIX買い」を行ったときの事例を2つ紹介しておきましょう。

まずは、第3章でも少しだけ紹介した**フォーラムエンジニアリング（7088）**です（111～112ページ参照）。

図表45　フォーラムエンジニアリング（7088）日足・ローソク足チャート
［2020年3月中旬～2020年5月上旬］

この株は東証一部への直接新規上場銘柄でしたが、全体相場の地合いが悪かったため、私は公募株の入手は店頭の付き合いだけにし、上場翌月の頭に市場で安いところを買い付けました。

そして、ルールに準じてＴＯＰＩＸへの組み入れ当日の寄り付きに売却し、30万円以上の利益をあげています（すでに何度も解説したように、この投資法では本来、組み入れ当日の前営業日のうちに売却すべきです。しかし、このときにはうっかりタイミングを逃してしまったのです。そういうときには、次善の策として組み入れ当日の寄り付きに売却するのがよいでしょう）。

果たして、同社の株価はそれ以降、理論どおりに下落していきます。結果として、設定されていた売却のタイミングは最適なものでした。

この売却直前の状況では、当然含み益が出ていますが、それは「TOPIX買い」の手法で実現できた含み益です。この手法に定められている売却タイミングを破って、TOPIXへの組み入れ日以降にまで持ち越してしまうと、含み益が含み損に変化してしまう可能性は高いでしょう。

仮にすぐには含み損にならなくとも、それ以降の保有は「なぜ、その株を保有しているのですか？」という問いに答えられない、あやふやな理由によるものになります。

そういう持ち株は、往々にして売りどきを逃して含み損を生じ、最終的には塩漬け株になってしまう危険性が高いものです。

実例② アルテリア・ネットワークス（4423）

もうひとつ、同様の事例を紹介しておきます。

企業やマンション向けにさまざまなネットワーク・ソリューションを提供する**アルテリア・ネットワークス（4423）**は、2018年12月に東証一部に直接、新規上場しました。

私は「TOPIX買い」を行う目的で、同社株を初値の1190円で1500株買い付けました。しかしその後、地合いが悪くなり、株価は一時、大きく値下がりしました。

図表46 アステリア・ネットワークス（4423）日足・ローソク足チャート
[2018年12月中旬～2019年2月上旬]

もちろん多少の不安を感じましたが、私は翌月末（２０１９年1月末）になれば同社株に〝ＴＯＰＩＸ組み入れに伴うインデックス買い〟が入ることを知っていました。

そのため、含み損が出てもすぐには損切りせず、1月末の前営業日まで待って、もしその時点でも戻っていなければ売って損切りをしよう、と判断して同社株を持ち続けました。

結果、同社株は1月に入ってから株価が戻し、一時は買値を大きく上回る１４５０円まで値上がりしました。

私はそのタイミングを捉えて１３９０円で売却し、30万円の利益をあげています。

ちなみに、同社株はＴＯＰＩＸへの繰り入

れ日当日となると、イベントが通過してしまって、インデックス買いの大口買い需要がなくなったことから１１００円台まで株価が急落します。

この事例でも、私は投資手法ごとに設定されているルールを守ったことで、不用意な損切りを避けて利益を得ることに成功しました。同時に、もしもルールを守らずに不用意に月末の最終営業日まで保有を続けていれば、イベント通過後の急落でそれなりの損失を出していた可能性が高いでしょう。

みなさんも、それぞれの投資手法ごとのルールを守って投資するよう、心がけてください。

投資手法を複数組み合わせて利益を最大化する

投資に全勝はありえない

今回、本書で紹介したイベント投資の手法には、毎月一度以上の収益機会があるものから、年に一度だけ収益機会があるものまで、多種多様な手法があります。

ひとつだけではムラがありますが、**これらをすべて組み合わせることで、収益機会を増やすと同時に、負けたときのダメージを分散できます。得られる利益も最大にできます**から、ぜひそうした組み合わせを意識してください。

たとえば次ページの表は、私が2019年の4月と5月の2ヶ月間に行った売買の一覧です。

このときは「TOPIX買い」の手法で**日本国土開発（1887）**と**スパークス（8739）**を売買し、「東証REIT指数買い」の手法で**サンケイリアルエステート投資法人（2972）**

図表47 2019年5～6月の私の取引内容と損益の一覧

投資先	買値	売値	株数	損益	投資手法
日本国土開発	510	880	3,300	1,221,000	**TOPIX買い**
	510	768	4,000	1,032,000	**TOPIX買い**
サンケイリアルREIT	97,000	111,000	25	350,000	**東証REIT指数買い**
スパークス	235	249	10,000	140,000	IPOセカンダリー
ジャパンディスプレイ	75	75	20,000	0	IPOセカンダリー
KHC	815	780	1,500	▲52,500	IPOセカンダリー
アズーム	3,370	3,200	400	▲68,000	IPOセカンダリー
青山財産ネットワークス	1,604	1,660	1,000	54,000	IPOセカンダリー
	1,522.5	---	1,000	---	IPOセカンダリー
トビラシステムズ	5,308	7,400	300	627,600	IPOセカンダリー
グッドスピード	1,750	1,640	1,000	▲110,000	IPOセカンダリー
	1,530	2,298	1,000	768,000	IPOセカンダリー
ハウテレビジョン	3,550	3,100	600	▲270,000	IPOセカンダリー
	2,950	3,300	600	210,000	IPOセカンダリー
2019年5～6月合計損益				**3,902,100**	

を売買しています。

また同時期には、前著で紹介した「IPOセカンダリー投資」の手法で、**トビラシステムズ（4441）**や**グッドスピード（7676）**、**ハウテレビジョン（7064）**なども売買しています。

このように、知っている投資手法の手札を増やすことで、常に収益機会が発生している状況をつくれるようになります。

投資に絶対はありませんから、表にもあるようにこれらの投資のうちいくつかでは、私も負けています。

しかしそれぞれの投資手法は、いずれも過去の事例を検証して導き出した優位性の高い（勝率の高い）手法ですから、**複数の手法を組み合わせて投資することで、トータルでは大きな利益を得ている**こともわかるでしょう。

みなさんも最初は少しずつ始め、慣れてきたら複数の投資手法を同時に実践するようにすれば、全体としては常に〝勝てる投資〟が実現できます。

ぜひ、そのような状態をつくり出すことを目指してください。

手数料にも敏感になる

ちりも積もれば山となる

株の取引には手数料がかかります。

前にも述べたように、イベント投資の手法では一度の取引で株価が買値の2倍や3倍になるようなことは期待しません。数%から高くても15%程度の利益を得ることを当面の目標として投資を行います。

そのため、**取引のたびにかかる手数料についても、しっかり意識しなければなりません。**

とはいえ、現在では株式取引の手数料はかなり安くなっていて、せっかく得た利益を減らす度合いは決して大きくはありません。

ただ、ちりも積もれば山となります。投資家たるもの、ちょっとした手数料にもしっかりと

図表48　2020年3月末時点の主なネット証券会社の手数料比較
［取引ごとに手数料が発生する形式のみ・税別］

証券会社名	10万円まで	20万円まで	30万円まで	50万円まで	100万円まで	300万円まで	500万円まで
むさし証券	**75円**	**95円**	**175円**	**175円**	**320円**	**440円**	880円
ライブスター証券	80円	97円	180円	180円	340円	600円	**800円**
DMM.com証券	80円	97円	180円	180円	340円	600円	**800円**
立花証券ネットトレード	80円	100円	240円	240円	470円	900円	900円
GMOクリック証券	88円	97円	241円	241円	435円	833円	833円
SBI証券	90円	105円	250円	250円	487円	921円	921円
楽天証券	90円	105円	250円	250円	487円	921円	921円
岡三オンライン証券	99円	200円	350円	350円	600円	1,500円	2,100円
マネックス証券	100円	180円	250円	450円	1,000～1,500円	3,000～4,500円	5,000～7,500円
SMBC日興証券	125円	180円	250円	400円	800円	2,000円	3,000円
野村証券ネット&コール	139円	300円	300円	477円	953円	2,857円	4,761円
大和証券	1,000円	1,000円	1,035円	1,725円	3,450円	8,729円	14,009円

※筆者集計

注意を払っておきましょう。

たとえば、上表は本書執筆時点の2019年3月31日現在で、取引ごとに手数料が発生する形式に絞って、主なネット証券会社の取引手数料を比較したものです。ネット上にはこうした比較を行う「比較サイト」がたくさんありますから、ときどきチェックして、手数料が安く、かつ使いやすい証券会社で取引するようにしましょう。

ちょっとしたことではありますが、こうした手数料への意識を維持することも、イベント投資家にとっては「必須の心得」と言えるでしょう。

必要な情報を定期的にチェックする習慣をつける

投資家ならば毎日一度は確認したい

イベント投資家にとっては、日本取引所グループが提供する各種の「**適時開示情報**」は死活的に重要な情報です。

なかにはイベント投資にはあまり関係ないものもありますが、左に示したような内容に注目して、日ごろからチェックする習慣をつけることが必要でしょう。私の場合は、少なくとも1日に一度はチェックするようにしています。

※適時開示情報は、各上場企業が「IRニュース」として自社ホームページ等で公表する内容とほとんどの場合にかぶっていますが、稀に、どちらかでしか公表されない情報もあります。より公的なものが適時開示情報だと理解するといいでしょう。

［注目すべき情報］

◉業績に関する発表
◉事業内容に関する発表
◉株式分割
◉株主優待の新設や内容の変更
◉配当金に関する発表
◉業務提携に関する発表
◉東証一部や二部への昇格

たとえば、これらのうち「業績や事業内容に関する発表」は、株価の動きに直接影響を与えます。また株主優待の新設や拡充、あるいは東証一部への昇格の情報などは、本書で紹介したイベント投資の手法を実践するときにも欠かせないものです。

株式情報のポータルサイトも活用する

これらの情報は、基本的には日本取引所グループが用意している「**適時開示情報閲覧サービ**

ス」のサイトで確認できます。

▼https://www.release.tdnet.info/inbs/I_main_00.html

ただ、この「適時開示情報閲覧サービス」のサイトはオリジナルではあるものの、情報の内容が整理されずに新着順で公表されるため、慣れないと少し使いづらいかもしれません。その場合には、自分好みの株式情報のポータルサイトを利用してもいいでしょう。

たいていのポータルサイトでは、銘柄ごとや発表の内容別の適時開示情報をごくわずかなタイムラグで確認できますし、適時開示情報以外のさまざまな情報も確認できます。

ちなみに私の場合は、「**トレイダーズ・ウェブ**」というサイトを長年愛用しています。

▼https://www.traders.co.jp/index.asp

適時開示情報についてはもちろん、ＩＰＯや公募増資、市場全体についての情報、指数の入れ替えに関する情報、各種外国株についての情報なども入手でき、大変便利です。

先ほどの「適時開示情報閲覧サービス」と合わせて、ブックマークしておくことをオススメします。

第5章のポイント

- 株式投資に全勝はありえないので、思惑が外れたときには素直に負けを認めること。自分なりの資金管理ルールをあらかじめ決めておき、そのルールを守ることも大切。
- それぞれの投資手法に設定されている売買タイミングや投資対象選定のルールなどを守る。そうしないと、大怪我をしかねない。
- さまざまなイベント投資の手法を組み合わせることで、たとえ部分的には負けることがあっても、全体してはコンスタントに勝ち続けられる。また、投資のチャンスも増える。
- ちりも積もれば山となる。手数料への意識は投資家にとって非常に大切。
- 適時開示情報を常にチェックする習慣をつければ、状況の変化や利益確定のチャンスにすばやく対応できる。

おわりに

この度は、本書をお読みいただきありがとうございました。

本書では、イベント投資を中心に投資手法をお伝えしました。

私は２００８年から個人投資家となり、２０１９年からは専業投資家となりましたが、その過程で長年、実践し続けてきたのがこの投資手法です。

会社員時代には株価を集中して見ることができない環境にいたので、リアルタイムでチャートや板情報を見なくても実践できるイベント投資を中心に、株式投資を行ってきたのです。

おかげさまで、安定して利益をあげ続けています。本書で紹介している手法を参考にすれば、読者のみなさんにもきっと同じことができると思います。

２０１９年からは、投資塾の「新柳橋塾」を主宰し、そこでも本書で紹介したようなイベント投資のノウハウをお伝えしていますが、受講生の方から次のような感想を続々いただいています。

新柳橋塾では、イベント投資、IPO投資を中心にさまざまな手法を教えてくれますが、私が特に活用させていただいているのが、（中略）TOPIX買いです。具体的にお話させていただくと、（中略）東海ソフトで20万円の利益を出せました。塾で紹介される手法は、どれも優位性が高いので、利益になりやすいと実感しています。

（社労士トレーダーさん）

塾の中なかでさまざまな手法と、タイムリーかつ詳細な情報提供をいただき、（中略）収益は入会後3ヶ月で＋500万円です（うち、新柳橋塾の寄与：150万円）。

（週末ライダーさん）

こうしたコメントは、私が実践している投資手法に優位性があり、本書で紹介した手法で実際に成果をあげている方がたくさんいる証拠にもなるのではないでしょうか。

本書の内容を参考に、みなさんに〝安定的に利益を出せる〟株式投資を実践していただければ、筆者としてこれにまさる喜びはありません。

柳橋 義昭

〈著者略歴〉

柳橋義昭（やなぎばし・よしあき）

個人投資家
新柳橋塾 塾長

◎──IPO投資や株主優待への先回り投資、インデックスの銘柄入れ替えへの先回り投資、独自のスクリーニング分析など、さまざまなイベント投資を行う個人投資家。

◎──大学卒業後、証券会社に勤務し、IPO担当や証券ディーラーを務める。その経験を活かし、独自の投資ノウハウを多数構築。2008年からは個人投資家として自らの編み出したノウハウで毎年、収益を得つつ、これまで延べ50,000人の投資家へ投資ノウハウを伝えている。

◎──2019年に独立。専業投資家として投資に専念する傍ら、IPO投資やイベント投資の塾として「新柳橋塾」を主宰。投資セミナーや講演などにも登壇する。

◎──趣味はドライブと旅行。お酒も好きでお気に入りのワインを自宅に多数保管。また、掃除が好きで家を常に清潔にしている。

◎──ペンネームの「柳橋」名義での著書に『いつでも、何度でも稼げる！IPOセカンダリー株投資』（すばる舎）がある。

▶柳橋（IPO投資家）稚内ふるさと大使（Twitter: @yanagibashi01）
https://twitter.com/yanagibashi01

▶新柳橋塾
https://www.willow-llc.net/newy/index5.html
毎月2回のレポートと映像講座で、IPOやイベント投資、スクリーニング分析についてノウハウを伝える。受講生だけの限定SNSグループも好評（IPO投資／株主優待先回り買い／インデックス買い／東証一部昇格投資／公募増資／IPO以外の投資／決算戦略／地合いに応じた投資戦略／スクリーニング分析など）

安定的に利益を出せる

先回りイベント株投資

2020年 6月27日 第1刷発行
2020年 7月10日 第2刷発行

著　　者――柳橋 義昭
発 行 者――徳留 慶太郎
発 行 所――株式会社すばる舎
〒170-0013 東京都豊島区東池袋3-9-7 東池袋織本ビル
TEL 03-3981-8651（代表） 03-3981-0767（営業部）
振替 00140-7-116563
URL http://www.subarusya.jp/

装　　丁――斉藤 よしのぶ
本文デザイン――株式会社シーエーシー
編集担当――菅沼 真弘（すばる舎）
印　　刷――株式会社光邦

ISBN978-4-7991-0901-4